니체의 인생상담소

니체의 인생상담소

인생의 본질에 대한 니체의 127가지 통찰과 조언!

페이허이즈 지음 | 이서연 옮김

BM 성안북스

"일생에 한 번은 니체를 만나라"

어느 날 마트 계산대 앞에 줄을 서서 순서를 기다리다가 네다섯 살 정도의 여자아이가 바닥에 앉아 계산놀이를 하는 모습을 보았다. 문득 아이는 내 시선을 느꼈는지 무슨 잘못이라도 한 것처럼 재빨리 자기 엄마 뒤로 숨더니 두려움이 가득한 눈빛으로 나를 바라봤다.

어쩐지 그 모습이 씁쓸하게 다가왔다. 대체 아이는 무엇이 두려웠던 것일까?

평범한 외모에 소박한 차림의 아이 엄마는 외지인인 듯 사투리를 썼는데 형편이 그리 좋아 보이지 않았다. 평소에 엄마가 외지인이라 무시당하는 모습을 본 것은 아닐까? 그래서 세상을 두려운 눈빛으로 바라보는 것은 아닐까?

그 아이를 보니 이전에 만났던 부잣집 아이가 생각났다. 남들이 성공한 자기 부모를 떠받드는 모습을 보고 자라서인지 그 아이는 세상을 두려워하지 않았다. 낯선 사람의 시선에 전혀 주눅 들지 않는 그 당당함이 꽤 인상적이었다.

중국의 저명한 소설가 량샤오성梁曉聲은 청년들과 토론하며 "씨앗이 토양과 계절을 선택할 수 없듯 사람은 시대를 선택할 수 없다"라고 말했다.

우리가 선택할 수 없는 게 어디 시대뿐이겠는가. 우리는 부모와 부모의 문화수준·경제력, 사회적 지위·교육관을 비롯해 출생지, 진학할 유치원, 어린 시절에 만나는 사람, 생활환경 등 수많은 것을 선택할 수 없다. 그런데 유감스럽게도 그 모든 것은 우리의 어린 시절 성격 형성에 결정적인 영향을 미친다.

우리의 성격은 아무것도 선택할 수 없고 아직 철도 들지 않은 어린 시절에 결정된다. 예를 들어 내가 마트 계산대 앞에서 본 아이가 만약 다른 사람에게 무시당하는 엄마의 모습을 보았다면 부모가 자존감을 높여주려 노력하지 않을 경우 내성적인 성격으로 자랄 가능성이 크다.

더욱이 사람은 대부분 어린 시절에 형성된 성격으로 평생을 살아간다. 불공평하다고 생각해도 어쩔 수 없다. 우리는 스스로 선택하지도 않은 성격으로 인생을 살아가야 한다. 이건 마치 부모의 강요로 알지도 못하는 사람과 억지로 결혼해 애정 없이 평생을 함께 살아야 하는 것과 같다.

사람은 정말 자신의 성격을 바꿀 수 없을까? 오래전 나는 내 성격을 바꾸고 싶었다. 하지만 아무리 책을 많이 읽고 공부를 해도 성격을 완전히 바꾸는 것은 불가능했다. 사실 성격을 몽땅 바꿀 필요는 없다. 작은 부분만 바꿔도 살아가는 데 많은 도움을 받는다.

물론 성격의 작은 부분을 바꾸는 일도 그리 쉽지 않다. 낡은 사고방식, 오랜 시간 굳어온 습관, 사람을 향한 편견의 힘은 아주 막강하다. 이 세 가지는 끝없는 어둠처럼 우리의 마음을 감싼 채 우리가 변하지 못하도록 막고 있다.

성격을 바꾸려면 번개처럼 내면의 이 어둠을 몰아낼 강력한 빛이 필요하다. 나는 마음을 감싸고 있는 이 어둠을 몰아낼 빛을 찾기 위해 노력했다. 그런데 수없이 읽은 자기계발서가 내는 빛은 어둠을 몰아내기에 너무 약했고 내용도 부실했다.

오랫동안 빛을 찾아 헤맨 나는 어느 날 니체에게서 강렬한 태양빛을 느꼈다. 보물이라도 발견한 듯 마음이 들뜬 나는 니체의 서적을 탐독했고 그중에서 《차라투스트라는 이렇게 말했다》는 항상 머리맡에 두고 정독했다.

니체는 어떤 철학자일까? 그는 무슨 말을 했을까?

많은 사람이 니체의 사상을 실제로 접해보지도 않고 막연히 니체의 책은 심오하고 어려울 거라고 생각한다. 사실은 그렇지 않다. 니체는 추상적이거나 이해하기 어려운 철학 문제는 다루지 않았다. 단지 세상을 살아가는 사람들을 위한 글을 썼을 뿐이다. 그 점에서 니체는 인생철학자라 불릴 만하다. 또한 니체는 문학가로 그의 문장은 시처럼 아름답고 재미있다.

흥미롭게도 그가 백 년 전 세상을 놀라게 하는 사상가에서 만족하지 않고 "내 사상은 백 년 뒤의 독자를 위한 것이다"라고 한 그의 말이 잘 보여준다. 백 년이 흐른 오늘날 사람들은 실제로 니체의 관점이 지금 시대와 딱 들어맞는다는 것을 깨닫고 있다. 니체의 사상은 예리한 칼과 같다. 그의 글은 우리의 마음속을 파고든다. 그래서 니체의 책을 읽을 때면 날카로운 말이 내 신경, 감정, 영혼을 흔들어 깨우는 것 같다.

니체의 예리한 언어가 마음을 찌를 때면 고통스러우면서도 후련하다. 상처 입은 영혼이 흘리는 붉은 피는 마음을 뒤덮은 어둠을 몰아내는 가장 강력한 무기이기 때문이다.

니체의 철학과 사상은 세상을 향한 우리의 관점을 바꿔놓고 우리를 세상 저편으로 안내한다. 또 우리가 낡은 관습에 이끌려 자신도 모르는 사이에 잘못된 길로 들어섰을 때 다른 관점을 제시하고 올바른 길로 가도록 일깨워준다. 나아가 니체의 사상은 우리의 마음을 정화하고 아름다움과 사랑을 새롭게 인식하도록 해준다.

고독한 방랑자이자 "모든 가치를 재평가"하라고 주장한 니체는 다른 철학자들과 인생관이 달랐다. 그는 자신의 철학이 사람의 마음을 비추는 한줄기 빛이 되어 사람들이 진정한 자아를 발견하는 데 도움을 주기를 바랐다.

니체의 이 철학적 사명은 내가 그토록 찾아 헤맨 것과 일치한다. 결국 나는 니체의 빛을 반사하는 거울이 되기로 했다. 그런 의미에서 이 책은 니체의 저작 중 대표적인 200여 개 문장을 선별해 간단한 해설을 덧붙이는 것으로 구성했다.

모든 독자의 마음속에 니체의 사상이 빛을 드리우길 바란다. 그리고 모두가 세상과 인생의 본질을 알고 용기와 정의와 절제와 지혜로 강인해지기를 진심으로 희망한다!

니체의 인생 철학 Lesson 1

가장 좋은 친구는 '나' 자신이다

Friedrich Wilhelm

Nietzsche

　가난하거나 못생겼거나 키가 작아 서글플 때, 나만 불행한 것 같아 힘들 때, 24시간 옆에서 위로해주고 응원해주는 사람이 있는가? 곰곰 생각해보면 그런 사람은 없다. 부모, 배우자, 자녀, 절친한 친구도 나를 항상 지지해주지는 않는다. 가난하든 부유하든 우리의 영혼은 때때로 '고아'처럼 떠돈다.

　그러나 반드시 기억해야 하는 사실이 하나 있다. 그건 언제 어디서든 단 한 사람만큼은 늘 내 곁을 지킨다는 사실이다. 바로 나 자신이다. 가장 진실한 '친구'는 자기 자신이다. 그러므로 강인한 마음의 기초를 세우려면 먼저 자신을 이해하고 존중하며 소중하게 여겨야 한다.

· 지금의 나를 존중하라 ·

Friedrich Wilhelm Nietzsche

졸업 후 사회생활을 하다 보면 학교나 책에서 배운 것과 전혀 다른 사회의 실상을 보면서 좌절감에 빠지기도 한다. 이때 우리는 자신이 너무 순진하거나 멍청했다고 자조하며 성숙해지고자 노력한다. 그렇게 점차 사회에서 자리를 잡아가며 스스로 성장했다고 생각한다. 과거의 일은 이제 죽었고 다가올 일이야말로 '오늘의 삶'이라고 여기며 스스로 나아졌다고 자부하는 것이다.

그러다 우연히 동창회에 참석하면 한 가지 사실을 발견한다. 친구들의 외모나 사회적 지위는 달라졌지만 성격은 변치 않았다는 것을 말이다. 외향적이던 사람은 여전히 외향적이고 내향적이던 사람은 변함없이 내향적이다. 과묵했던 사람은 그대로 말수가 적고 말이 많았던 사람은 지금도 수다스럽다.

그런 친구들을 보면서 '나는 이렇게 달라졌는데 왜 친구들은 옛 모습 그대로일까?' 하고 생각할 수도 있다. 어째서 친구들은 변하지 않은 걸까? 왜 시간을 허투루 흘려보낸 걸까? 왜 자신을 돌아보지 못한 걸까?

여기서 생각을 조금만 비틀어보자. 내가 변하지 않은 친구들을 보며 놀라워할 때 친구들도 나를 똑같은 시선으로 바라보고 있지 않을까? 친구들도 자신만 변했다고 생각하며 나를 철없는 친구로 여기고 있지 않을까?

사회에 진출해 이런저런 일을 겪다 보면 심리적으로 일부 변화가 일어나기도 하지만 기본적인 성격은 변하지 않는다. "될성부른 나무는 떡잎부터 알아본다"라는 옛말이 있다. 어린 시절에 형성된 개인의 성격은 어떤 커다란 전환점을 맞지 않는 한 좀처럼 변하지 않는다. 그래서 우리는 대부분 어린 시절에 형성된 성격으로 평생을 살아간다.

성격뿐 아니라 외모, 키, 피부 등도 바꾸기가 어렵다. 이런 것을 증오하며 바꾸려 들면 풍차에 달려든 돈키호테처럼 쓰라린 패배를 당해 상처투성이로 뒹굴고 말 것이다.

가장 현명한 방법은 바꿀 수 없음을 인정하는 일이다. 설령 불만스러워도 있는 그대로의 자기 모습을 받아들여야 한다. 니체도 이와 비슷한 말을 남겼다.

> 모든 것은 자신을 존중하는 것에서 시작된다.
> 아무 경험도 없는 자신을, 아무것도 이루지 못한 자신을 한 인간으로서 존중하라. 자신을 존중하면 나쁜 일을 하지 않고 사람으로서 경멸당할 행동도 하지 않게 된다. 그러니 정말 아름다운 인생을 살아가기 위해서는 가장 먼저 자신을 존중해야 한다.

현대인은 자기 일에 신경 쓰느라 바빠서 다른 사람 일에는 별로 관심을 보이지 않는다. 시간을 들여 진심으로 다른 사람을 바라볼 여유가 없다. 진정 자신에게 관심을 기울이는 사람은 자신밖에 없다. 그러니 내가 나를 존중하고 받아들이지 않으면 대체 누가 나를 구원해주겠는가.

· 자신의 진정한 모습을 바라보라 ·

Friedrich Wilhelm Nietzsche

　강인한 마음을 기르는 첫걸음은 '자기 존중'이다. 자신을 존중할 줄 알아야 강인한 마음을 기르는 여정을 시작할 수 있다. 그 여정의 첫 단계는 자신의 진정한 모습을 아는 것이다.

　음악을 좋아한 한 젊은이가 연예계 스타처럼 팬이 구름처럼 몰려드는 꿈을 꾸며 대학생활을 포기하고 본격적으로 음악가의 길로 들어섰다. 그러나 정작 음악에 재능이 없던 그는 2년, 5년, 10년이 흘러도 여전히 무명가수 생활에서 벗어나지 못했다. 그는 불굴의 의지로 버티면 언젠가 성공하리라는 믿음을 붙잡고 10년 동안 극심한 생활고에 시달리면서도 꿈을 포기하지 않았다.

안타깝게도 현실은 우리가 꿈꾸는 대로만 흘러가지 않는다.

몸과 마음이 지칠 대로 지쳐버린 그는 자신이 만든 환상 속으로 도피하기 시작했고 결국 자기 자신마저 잃고 말았다.

많은 사람이 자신의 진정한 모습을 알지 못한 채 인기 있는 분야나 좋아하는 분야를 직업으로 선택한다. 이런 사람이 아주 많지만 자신의 성격과 재능을 알지 못한 채 선택한 직업에서 기대하는 성과를 얻기는 굉장히 어렵다.

사람들은 "아는 사람은 좋아하는 사람만 못하고, 좋아하는 사람은 즐기는 사람만 못하다"는 공자의 말을 좋아한다. 이 말은 종종 '즐기는 사람'은 성공한다는 오해를 불러일으킨다.

사실 성공하려면 좋아하는 것만으로는 부족하다. 무엇보다 자신의 성격과 재능이 도전하려는 분야와 잘 맞는지 알아야 한다. 특히 중차대한 결정을 내릴 때는 먼저 자신의 진정한 모습을 파악해야 한다. 그리스인이 아폴론 신전에 괜히 '너 자신을 알라'는 문구를 새겼겠는가.

자신에 관해 대충 넘기거나 자신을 속이지 마라.
항상 자신에게 진실해야 한다.
자신이 어떤 사람인지, 무엇을 좋아하는지, 무슨 생각을 하고 있는지,
어떤 반응을 보이는지 알아야 한다.

어떻게 해야 자신의 진정한 모습을 볼 수 있을까? 니체는 이렇게
답했다.

자신의 진정한 모습을 알고 싶다면 다음 질문에 솔직하게 답해보라.
내가 정말로 사랑하는 것은 무엇인가? 내 영혼의 성장을 돕는 것은 무
엇인가? 내 마음을 즐거움으로 가득 채우는 것은 무엇인가? 내가 푹
빠져 몰두하는 것은 무엇인가?
이런 질문에 성실히 대답하다 보면 자신의 본질을 알 수 있다. 그 본질
이 바로 자신이다.

자신을 아는 게 뭐 그리 어려운 일이냐고 말하는 사람도 있는데
이는 잘 모르고 하는 소리다. 자신의 진정한 모습을 알기 위해서는
오랜 시간을 투자해야 한다. 자신의 진정한 모습을 알면 과거에 자
신이 행한 일을 합리적으로 이해하고 미래의 방향을 명확히 세울
수 있다. 전혀 새로운 인생을 설계하는 것이 가능하다.

· 인생에서 비관할 권리는 없다 ·

Friedrich Wilhelm Nietzsche

평생 가난의 굴레에서 벗어나지 못하는 사람은 자신의 삶 자체를 비극으로 여긴다. 그들은 세상에서 자신이 가장 불쌍하며 만약 자신을 주인공으로 작품을 쓴다면 아주 슬픈 내용일 거라고 자조한다.

가난하다고 모두 비관해야 할까? 사실 원시인류 시대에는 모두가 가난했다. 오랜 세월이 흐르면서 점차 누군가는 부자가 되었지만 가난하다고 비관할 필요는 없다. 가난해도 즐겁고 행복하게 살아갈 수 있으니 말이다.

"현실을 비관할 필요가 없다고? 가난하다는 이유로 다른 사람에게 무시당하고 삶을 즐길 여유도 없는 내게 지금 비관할 권리마저 없다고 말하는 거야?" 지금 이렇게 투덜대고 있는가. 그렇다! 그래도 비관해서는 안 된다! 비관하며 주저앉아 있기에는 우리의 현실이 너무도 잔인하기 때문이다.

비관할수록 가난이라는 운명의 굴레는 더욱 견고해진다. 그 굴레 안에 평생 자신의 영혼과 인생을 가둬두고 싶은가. 백여 년 전 니체는 이런 말을 남겼다.

고통에 빠진 사람에게 비관할 권리는 없다.
고통에 빠진 사람이 비관을 선택한다면 현실을 직면할 용기를 내지 못하게 된다.
고통과 싸울 힘이 없다면 결국에는 더 큰 고통에 빠지게 된다.

이제 이해했는가? 가난하다는 이유로 비관하면 가난이라는 굴레에서 벗어나지 못해 삶이 점차 초라해진다. 가난하고 초라한 사람을 평생의 반려자로 맞이하고 싶어 하는 사람은 없다.

부자와 결혼하기를 원하는 여성을 보며 "사랑 없이 돈만 보고 결혼하려는 꼴이라니!" 하고 비난하는가? 반대로 생각해보자. 당신은 사업에 성공한 사람과 가난하고 초라한 사람 중 누구를 선택하겠는가?

비관이 습관화하면 그 비관적인 사고가 자녀에게까지 전파된다. 세상 모든 부모는 자녀가 가난하게 살기를 바라지 않는다. 그래서 자신감을 갖고 열심히 노력하라고 자녀를 격려하며 교육에 많이 투자한다. 이때 부모가 마음속으로 삶을 비관할 경우 자신도 모르는 사이에 그 감정이 자녀에게 전해진다.

행복하려면 어느 정도 삶의 조건이 충족돼야 하지만 가난한 사람이 그것을 모두 충족하기는 어렵다. 다시 말해 가난한 사람이 행복하기란 쉽지 않다. 그래도 긍정적인 태도는 필요하다. 아우슈비츠 강제수용소에서 생존한 빅터 프랭클Viktor Frankl은 다음과 같이 말했다.

"어떤 특수한 환경에서 사람에게 주어진 마지막 자유는 자신의 태도를 선택할 자유다."

빅터 프랭클은 긍정적인 태도로 암울한 강제수용소 생활을 이겨냈다. 삶을 비관하며 살고 싶은가? 자녀가 비관하며 살아가기를 바라는가? 더 나은 삶을 원하는 사람에게 비관할 권리는 없다.

· 긍정적인 마음은 성공의 그릇 ·

Friedrich Wilhelm Nietzsche

셀마의 남편은 군인으로 그녀는 남편을 따라 사막에 있는 육군 기지에서 생활했다. 매일 남편이 훈련하러 가면 그녀는 홀로 집에 남아 무료하게 시간을 보냈다. '집' 하면 으레 따뜻함과 편안함을 떠올리지만 셀마가 거주하는 집은 그런 느낌과 거리가 멀었다. 철판으로 만든 그 집은 낮에 태양이 내리쬐면 찜통으로 변해 숨이 막힐 정도였다.

외로움과 싸우며 홀로 덥고 건조한 사막 날씨를 견디자니 셀마는 하루하루가 고통스러웠다. 기지에는 북미원주민과 멕시코인도 있었지만 언어장벽 탓에 셀마는 그들과 어울리지 못했다. 도저히 견딜 수 없었던 셀마는 아버지에게 당장이라도 모든 것을 버리고 집으로 돌아가고 싶다는 편지를 보냈다. 얼마 뒤 도착한 아버지의 답장에는 위로나 설득하는 말이 전혀 적혀 있지 않았다. 그저 짧은 조언 한마디가 전부였다.

> 두 사람이 교도소 철창 밖을 내다볼 때 한 사람은 어둠을 보고, 다른 한 사람은 별을 봤단다.

아버지의 답장을 읽고 생각을 바꾼 셀마는 사막에서 자신만의 별을 찾기로 했다.

다음 날 철판 집에서 나온 그녀는 손짓과 간단한 말로 현지인과 소통하기 시작했고 그들의 마음씨가 무척 따뜻하다는 것을 알게 됐다. 그들은 친절하게도 사막에서 생활하는 데 필요한 정보를 알려주는 한편 관광객에게 판매하는 직물과 도자기를 선물했다.

그렇게 현지인과 교류하며 그곳 식물과 동물을 연구한 셀마는 점점 사막의 일출과 일몰을 즐기기 시작했다. 서서히 다른 곳에서 볼 수 없는 사막의 아름다운 경치가 눈에 들어왔고 셀마는 사막 생활의 즐거움에 빠져들었다.

환경은 이전과 똑같았다. 사막은 여전히 뜨겁고 건조했으며 현지인과 영어로 소통할 수 없었다. 변한 것은 단지 셀마의 생각뿐이었다. 그녀가 생각을 바꿔 주변 환경을 다르게 받아들이면서 모든 것이 변한 것이다. 니체는 이렇게 말했다.

사람은 다채로운 가치를 지닌 눈으로 주위 사물을 잘 관찰해야 한다. 어떤 일을 부정적으로 바라보면 마음도 어둡게 변해 상황이 좋지 않게 흘러가지만, 긍정적으로 바라보면 마음도 긍정적으로 변해 상대적으로 일을 수월하게 처리한다.

결과는 마음가짐에 따라 얼마든지 달라질 수 있다. 똑같은 환경에서도 사람마다 다른 결과가 나오는 이유는 마음가짐이 다르기 때문이다. 할 수 있다고 생각하면 해결 방법을 적극 찾게 되므로 성공할 가능성이 크다. 반대로 할 수 없다고 생각하면 해결 방법을 찾으려 하지 않으므로 결국 실패하고 만다.

미국의 성공학 연구자 나폴레온 힐Napoleon Hill은 다음과 같이 말했다.

'다른 사람이 나를 어떻게 대우하는가'는 내가 다른 사람을 어떻게 대우하는가가 결정한다.

'사회가 나를 어떻게 바라보는가'는 내가 사회를 어떻게 바라보는가가 결정한다.

'내가 마지막에 거둬들일 성공의 크기'는 내가 어떤 마음가짐으로 일하느냐가 결정한다.

결국 마음가짐은 다른 어떤 요인보다 중요하다.

· 원망은 인생의 독약이다 ·

Friedrich Wilhelm Nietzsche

요즘 현실의 벽에 좌절해 세상을 원망하는 젊은이가 아주 많다. 인터넷 기사나 SNS 댓글을 보면 사회를 원망하는 글이 수두룩하다. 그 대부분은 빈부격차와 사라져버린 계층 사다리를 성토하는 내용이다. 하우스푸어 혹은 하우스푸어조차 부러워하는 사람들은 집을 몇 채씩 소유한 사람과 자신을 비교하며 원망한다. 한 달을 생활하기에도 빠듯한 자신의 수입과 억 단위 고소득자의 소득을 비교하기도 한다.

　부자들은 마음껏 돈을 쓰며 천국 같은 삶을 누린다. 상대적으로 자기 삶을 지옥처럼 느끼는 빈자들은 막연히 사회를 향해 원망을 쏟아내면서 하루하루를 견뎌낸다. 그들이 원망을 쏟아내는 진짜 이유는 무엇일까? 니체는 《인간적인 너무나 인간적인》에서 이런 말을 했다.

> 항상 '평등'을 입에 달고 사는 사람들은 두 가지 욕망 중 하나를 품고 있다.
> 하나는 다른 사람들을 자신과 같은 수준으로 끌어내리는 것이고, 다른 하나는 자신을 다른 사람들과 같은 수준으로 끌어올리는 것이다.
> 그러니 평등을 외치는 사람들이 어떤 평등을 말하는 것인지 분명히 알아야 한다.

　이 말이 전해주는 의미는 명확하다. 사람이 원망하는 이유는 불만이 있기 때문이며 원망은 불만을 발산하는 방식이란 얘기다. 원망은 그 상대방이나 사회에 영향을 미친다. 예를 들면 누군가를 원망해 그 사람의 평판을 떨어뜨릴 수 있다. 그렇게 해서 얻는 것은 과연 무엇일까?

　원망은 그 무엇에도 도움이 되지 않는다. 불만이 있을 때는 원망하기보다 차라리 받아들여 발전의 동력으로 삼는 편이 낫다. 물론 발전하려면 몇 배 더 땀을 흘려야 하므로 단순히 원망하는 것보다 훨씬 힘들다.

원망은 독약과도 같다. 원망하면 할수록 사람들은 다른 사람의 동정을 더욱 갈구한다. 원망은 우리의 의욕과 용기가 서서히 썩도록 만들기 때문에 원망만 하다가는 좋은 시절을 그냥 날려버리기 십상이다.

더구나 원망은 주변 사람이 모두 나를 떠나게 만든다. 원망이 인간관계까지 망가뜨리는 것이다. 다른 사람과 대화할 때 계속 상사, 동료, 이웃, 사회를 원망하면 상대방은 점차 기분이 나빠질 수밖에 없다. 이때 상대는 서서히 당신을 멀리하고 그렇게 주변 사람들이 하나둘 떠나가면 당신은 외톨이가 된다.

앞으로 무언가를 원망하고 싶어질 경우 '원망은 독약'이라는 사실을 떠올리자. 원망은 자기 자신뿐 아니라 다른 사람에게도 피해를 준다. 조금이라도 원망을 줄이려 노력하면 달라지는 자신을 발견할 수 있을 것이다.

· 과거에 얽매이지 말라 ·

Friedrich Wilhelm Nietzsche

대학 시절 촉망받는 인재였던 C는 아름다운 여자친구와 함께 캠퍼스에서 데이트를 하며 친구들의 부러움을 한 몸에 받았다. 그런데 대학을 졸업한 뒤 C는 평범한 회사원이 되었고 여자친구와는 헤어졌다. 그는 자신의 조건에 맞는 여성을 만나 행복하게 살 수도 있었지만 결코 눈높이를 낮추지 않았다.

'이전 여자친구는 정말 예뻤는데! 학교 안의 모든 여학생이 나와

사귀고 싶어 했는데!'

C는 계속 현실과 과거를 비교하며 새로운 사랑을 시작하지 못했다. 시간이 흐르면서 청춘의 아름다움은 사라져갔고 그는 자신이 늙었다는 사실에 괴로워하며 원망과 후회에 사로잡혀 방황했다. 좋았던 시절은 가을바람 앞의 연약한 불꽃에 불과했고 현실에 상처받은 마음을 조금도 위로해주지 못했다. 그는 점차 우울감에 빠져 삶의 의욕을 잃어버렸다.

세상에는 C처럼 '과거의 영광'에 사로잡혀 현실을 받아들이지 못하는 사람이 많다. 니체는 그들에게 다음과 같이 충고한다.

> 과거의 일에 지나치게 빠져들면 마음은 과거에 얽매인다.
> 이 경우 삶의 새로운 경험을 받아들이기 어렵고 그것이 주는 새로운 지식과 체험도 얻지 못한다.

어떤 이는 "과거를 잊지 못하는 것은 인류의 가장 고귀한 어리석음"이라고 말한다. 흥미롭게도 우리 사회는 '잊지 못하고 집착하는 것'을 고결한 일로 포장하는 경향이 있다. 가령 아내와 사별한 남편이 오랫동안 그리움에 괴로워하는 모습을 보면 일편단심 한 여자만 사랑하는 남자라고 칭찬한다.

잠시 슬픔에 빠져 지내는 것은 이해할 수 있지만 오랜 세월 그리워하며 잊지 못하는 것은 정신질환이다. 이는 사랑이라는 이름 아래 과거의 기억 속에서만 살아가는 것이 아닌가. 이것은 산산조각 난 기억에 의지해 너덜너덜한 추억의 그물을 짠 뒤 그 안에 마음을 결박한 채 나오려 하지 않는 것이나 마찬가지다.

이처럼 자신을 학대하는 사람 중에는 종교에 빠져 속죄하며 쾌감을 얻거나 자신이 위대한 사랑을 한다며 스스로에게 감동하는 사람도 있다. 하지만 실제로는 자기세계에 빠져 현실을 직면하지 못하는 것뿐이다. 그런 사람은 새로운 삶을 두려워하며 현실에서 도피하려 한다. 한마디로 자기세계에 빠져 자신을 속이고 다른 사람마저 속이는 셈이다.

이건 가엾은 일이다! 살아 있는 사람은 계속해서 자기 삶에 충실하며 생명의 무게를 짊어져야 한다. 그렇지 않으면 아무리 그럴듯한 이유를 대도 그것은 그저 도피를 위한 핑계에 불과하다.

· 인생이 달라지는 마음가짐 ·

Friedrich Wilhelm Nietzsche

　사회생활을 하다 보면 때론 가기 싫은 곳도 가야 하고, 하기 싫은 일도 해야 한다. 우리는 흔히 거짓웃음을 짓고 마음에도 없는 말을 하며 상사의 말에 귀를 기울이는 척을 한다.

　이런 모습은 실제 자신의 모습이기 보다는 사회가 요구하는 예절, 이익, 원칙에 따라 움직이는 것 뿐이다. 이 얼마나 피곤하고 짜증나는 일인가.

억지로 무언가를 할 때마다 우리는 속으로 '언젠가 성공해서 이런 짓을 그만둬야지' 하고 생각한다. 그게 가능할까? 한번은 저명한 영화감독 펑샤오강馮小剛이 인터뷰를 하면서 영화 촬영보다 그림을 그리는 게 더 즐겁다고 말했다. 성공한 영화감독이 영화 촬영보다 그림을 그리는 게 더 즐겁다고? 그는 영화는 여러 사람과 상의하고 협력해야 해서 몸과 마음이 피곤하지만 그림은 다른 사람과 협력할 필요가 없어서 마음이 편안하다고 했다.

펑샤오강처럼 성공한 사람도 인간관계에 따른 피곤함을 피하지 못하는데 우리가 어떻게 피할 수 있겠는가. 니체는 이렇게 말했다.

살다 보면 어쩔 수 없이 해야 하거나 받아들여야 하는 일이 많다.

누구도 피곤한 인간관계에서 벗어나기 어렵다. 정말 피하고 싶다면 전혀 불가능한 것은 아니지만 여기에는 상당한 대가가 따른다. 우리 사회가 워낙 인맥을 중요시하다 보니 자기 일과 관련된 사람들과 긴밀히 교류하지 않으면 성공은 언감생심이다. 결국 피곤한 인간관계를 피하려 하는 사람은 평생 고독을 감수해야 한다.

그렇다면 싫은 일을 즐겁게 할 수는 없을까? 니체는 다음과 같이 말했다.

우리는 자리를 박차고 떠날 수도 있고 그 일을 받아들일 수도 있다.

우리는 넓은 마음으로 일을 받아들이고 인내심을 발휘해 해결해야 한다는 것을 알고 있다.

일을 해결하면 비로소 불가능해 보이던 일이 실제로는 생각보다 쉬운 것이었음을 깨닫는다.

일이 안겨준 그러한 경험 하나하나는 인생을 더욱 훌륭하게 완성해준다.

누군가가 "인생은 짓밟힘의 연속이니 반항할 수 없다면 즐겨야 한다"고 말했다. 언뜻 나약한 생각 같지만 그렇지 않다. 마음가짐을 바꾸는 것만으로도 인생이 달라질 수 있기 때문이다.

피할 수 없는 일을 할 때 싫어서 억지로 하는 것과 넓은 마음으로 적극 나서는 것은 근본적으로 다르다. 이 차이가 나약한 사람과 강인한 사람을 가른다.

· 매일 한 걸음씩 성장하라 ·

Friedrich Wilhelm Nietzsche

"성공의 꽃 앞에서 사람들은 현재의 아름다움만 보며 감탄한다! 그러
나 그 꽃은 새싹일 때 노력의 눈물샘을 마시고 피비린내 나는 희생의
비를 맞으며 자라났다."

이것은 중국 현대 아동문학가 빙신冰心의 시집《뭇별繁星》과《봄
물春水》에 나오는 문구다. 니체도 이와 비슷한 말을 했다.

높은 곳을 향한 노력은 절대 헛되지 않다.

자신의 노력이 헛수고라는 생각이 들 수도 있다.

그러나 매일 한 걸음씩 정상에 다가가고 있음을 의심해서는 안 된다.

오늘 서 있는 곳이 정상과 멀지도 모르지만 오늘의 노력으로 내일 계

속 기어오를 힘을 얻을 수 있다.

만약 '매일 조금씩 나아가지' 않으면 우리는 그 자리에 주저앉고
말 것이다. 나아가고 있다는 확신이 없을 경우 목표에 도달할 희망
이 없기에 포기할 수밖에 없다.

아프리카 초원에서 살아가는 식물 자이언트 킹 그라스Giant King
Grass는 건기 6개월 동안 아주 느린 속도로 자란다. 이 식물은 건기
에 손가락 한 마디 정도에서 고작 3~5마디 크기로 자라난다. 하지
만 우기가 찾아오면 마법을 부리듯 매일 50센티미터씩 자라 3~5일
만에 2미터까지 성장한다. 자이언트 킹 그라스에 '초원의 왕'이라는
별명이 붙은 이유가 여기에 있다.

어떻게 이 식물은 우기에 빠른 속도로 자라는 것일까? 그 원인을
찾아보니 놀랍게도 자이언트 킹 그라스는 건기 동안 땅속에 뿌리
를 28미터 이상 내뻗으며 묵묵히 때를 기다렸다. 그러다가 우기에
접어들자마자 그 뿌리로 땅속 수분을 흡수해 무서운 속도로 성장
했다. 뿌리가 28미터에 이르도록 내공을 쌓아 짧은 기간 내에 2미

터까지 무섭게 치고 올라가는 자이언트 킹 그라스 이야기는 자연의 숨은 저력을 보여준다.

　어렵게 공부할 때는 아무도 알아주지 않다가 일단 성공하면 모두가 아는 체하는 것이 세상인심이다. 그래서 누구나 성공을 바라는데 이를 위해서는 고독을 견디며 매일 조금씩 나아가야 한다. 성공으로 가는 길은 분명 힘든 과정이지만 절대 포기하면 안 된다.

　힘들어 주저앉고 싶을 때마다 혹독한 건기를 견디며 뿌리를 28미터까지 내뻗어 기어코 초원의 왕으로 우뚝 서는 자이언트 킹 그라스를 떠올려보자. 내공을 단단히 다지면 성장하는 것은 순식간이다.

Friedrich Wilhelm Nietzsche

햇살이 따사로운 어느 가을, 공원에서 놀다가 피곤해진 샤오밍小
明은 벤치에 앉아 졸고 있었다. 그런데 갑자기 옆에서 우지직 하는
소리가 들려왔다. 낯선 사람이 다가와 샤오밍이 벤치에 놓아둔 장
난감을 망가뜨린 것이다.

화가 나서 따지려 하던 샤오밍은 상대방을 보고는 놀라 입을 다
물었다. 상대가 앞을 볼 수 없는 시각장애인이었기 때문이다. 샤오

밍의 분노는 즉각 사라졌고 오히려 동정심이 일었다.

샤오밍의 반응은 미국 심리학자 앨버트 엘리스Albert Ellis가 주창한 심리학의 'ABC 이론'으로 설명할 수 있다. 이것은 개인의 감정은 일어난 일이 아니라 일어난 일에 대해 해석을 하는 신념체계가 촉발한다는 이론이다. 다시 말해 사람의 감정 반응은 사건 그 자체가 아니라 사건 해석에 따라 일어난다는 얘기다.

만약 평범한 사람이 자신의 장난감을 망가뜨렸다면 샤오밍은 그의 실수로 장난감이 망가졌다고 해석해 화를 냈을 것이다. 그러나 샤오밍은 앞을 못 보는 시각장애인에게 고의성이 없다고 해석해 자신이 좋아하는 장난감이 망가졌어도 화를 내지 않았다.

사실 니체는 백여 년 전에 이런 현상을 지적했다.

사람들은 항상 외부요인이 즐거움과 불쾌감을 일으킨다고 생각한다.
사실 즐거움과 불쾌감은 자신의 내면에서 발생한다.
예를 들어 어떤 일을 한 뒤 '처음부터 열심히 했다면 좋았을 텐데'라고
생각하면 마음이 불쾌해진다.
반대로 '처음부터 열심히 한 덕분에 순조롭게 끝냈어'라고 생각하면
즐거워진다.

삶에는 내 선택과 상관없이 일어나는 일이 아주 많다. 우리는 출생 시기와 국가, 부모를 선택할 수 없다. 자신의 외부환경, 학력, 인생 경험도 언제나 내가 선택할 수 있는 것은 아니다.

그러나 '긍정하는 마음'은 어떤 경우에도 반드시 내 스스로 선택할 수 있다. 니체는 이렇게 말했다.

아무리 보잘것없는 일이라도 즐거운 마음으로 하라!
부끄러워하지 말고 참지 말고 미루지 마라.
현재를 즐기며 환하게 웃어라!
아이처럼 통쾌하게 웃어라!

웃으면 기분이 좋아지고 면역력도 높아진다. 웃음은 짜증나고 번거로운 일, 분노, 원망을 날려버리고 주변 사람들에게 밝은 기운을 전해준다. 그래서 니체는 항상 즐거운 마음으로 살아가는 것이야말로 인생에서 가장 중요한 일이라고 말했다.

즐거운 마음은 삶을 웃음으로 꽃피게 한다!
즐거운 마음은 인생을 즐기는 원동력이다!

· 유쾌한 인생의 비결 ·

Friedrich Wilhelm Nietzsche

흔히 염세주의 철학자로 불리는 아르투르 쇼펜하우어Arthur Schopenhauer는《의지와 표상으로서의 세계》에서 이렇게 말했다.

당신이 추구하는 것은 아직 얻지 못한 것이다.

그것은 당신에게 모든 것을 초월할 정도로 가치가 있다.

하지만 일단 그것을 손에 쥐면 다른 것을 원하게 된다.

욕망은 늘 당신을 사로잡고 있다.
그 욕망이 곧 우리의 삶이다.

이런 이유로 쇼펜하우어는 삶은 고통이라고 생각했다. 쇼펜하우어의 관점은 상당히 비관적이고 잔인하기까지 하다.

"인간은 욕망하는 것을 얻지 못하면 얻지 못해 괴로워하고, 얻으면 엄습하는 권태에 괴로워한다. 또 욕망을 충족할 경우 새로운 욕망이 생겨 다시 고통스러워한다. 결국 삶은 욕망의 고통과 만족, 권태 사이를 왔다 갔다 하는 시계추와 같다. 고통은 인생의 맛이고 권태는 인생의 본질이다. 더 나아가고, 더 높이 오르고, 더 많은 것을 갖고 싶어 하면 고통과 권태의 굴레에서 벗어날 수 없다. 인간은 이처럼 어둡고 위험한 삶을 계속 살아가야 한다."

굳이 쇼펜하우어가 톡톡 건드리지 않아도 우리는 편한 일을 하면서 돈을 많이 벌고 싶은 욕망, 넓은 집에서 살고 싶은 욕망, 잘생기거나 예쁜 배우자를 만나고 싶은 욕망에 사로잡혀 스스로를 쥐어짜며 괴롭힌다. 성공의 길에는 으레 고통이 따르게 마련이지만 그 과정을 건너뛰고 달콤한 열매만 취하기를 바라며 고통스러워한다는 얘기다.

우리는 언제나 이상과 현실의 차이에 괴로움을 느끼며 살아가야 할까? 물론 아니다! 니체는 이렇게 말했다.

즐거운 마음으로 하면 일을 순조롭게 해낼 수 있다.
창작도 마찬가지다.
즐거움이 가득하면 마음은 아무런 가치도 없는 속박에서 벗어나 자유
롭게 날아오를 수 있다.

어떻게 하면 마음이 즐거워질까? 사소한 일에도 깔깔거리며 즐
거워하는 어린아이들을 자세히 관찰해보자. 아이들은 작은 장난감
하나에도 마냥 즐거워한다. 아이들이 즐거워하는 이유는 현재를
진심으로 즐기기 때문이다.

인간은 '즐거운 마음'을 타고난다. 단지 성장하면서 마음에 왜곡
이 일어나 즐거움의 자리에 우울함과 권태가 들어선 것뿐이다. 이
문제를 어떻게 해결해야 할까? 니체의 말을 들어보자.

즐거운 마음은 타고난 것이니 시들게 해서는 안 된다.
현재 즐거운 마음이 사라졌다면 지식을 많이 쌓고 예술을 접해보자.
그러면 마음에 점차 즐거움이 생길 것이다.

사람에게는 목표가 있어야 하며
젊을 때는 더욱더 목표를 추구해야 한다.

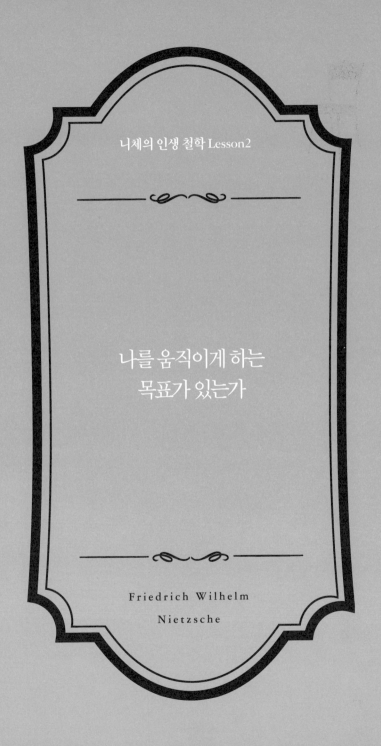

니체의 인생 철학 Lesson2

나를 움직이게 하는
목표가 있는가

Friedrich Wilhelm

Nietzsche

'왜 이렇게 시간이 없지?'

하루하루를 바쁘게 쫓기다 보면 문득 이런 생각이 든다. 시간은 누구에게나 공평하게 주어지므로 '시간 부족' 문제를 해결하기 위해서는 시간을 효율적으로 관리해야 한다. 어떻게 해야 시간을 효율적으로 관리할 수 있을까? 그 답은 '목표'에 있다. 목표를 세우고 그에 따른 계획을 실행하면 시간과 에너지를 효율적으로 사용할 수 있다.

· 능력은 목표를 이루고자 하는
사람에게 생긴다 ·

Friedrich Wilhelm Nietzsche

1951년 여성 최초로 영국해협을 헤엄쳐서 왕복한 플로렌스 채드윅Florence Chadwick은 서른네 살 때 새로운 도전에 나섰다. 1952년 7월 새벽 그녀는 짙은 안개를 헤치며 캘리포니아 해변을 향해 헤엄치기 시작했다. 목표는 카타리나 해협을 헤엄쳐서 건너는 것이었다.

새벽녘 바닷물은 뼈가 시릴 정도로 차가웠고 그녀는 온몸이 얼어붙는 것만 같았다. 더구나 상어 떼가 주위를 맴도는 상황이었지만 그녀는 장시간의 수영에 따른 피로와 싸우며 두려움 없는 용사처럼 해안을 향해 헤엄쳐갔다.

성공이 바로 눈앞에 있었다!

그러나 자욱하게 낀 안개 속에서 10시간 이상을 견디는 것은 너무 힘든 일이었다. 물속에 있는 채드윅은 해안이 보이지 않아 앞으로 얼마나 더 헤엄쳐야 하는지 알 수 없었다.

어느 순간 믿음이 흔들리기 시작하자 갑자기 억눌려 있던 피로와 추위가 엄습해왔다. 그녀는 그것을 이겨내지 못했고 결국 도전을 포기했다. 뒤따라오던 구조선에 오른 그녀는 자신의 엄마와 코치가 하는 말을 듣고 깜짝 놀랐다. 15시간 55분을 수영한 그녀가 고작 800미터를 남겨두고 포기했던 것이다. 그녀는 자신이 성공 직전에 포기했다는 사실을 믿을 수가 없었다.

무척이나 아쉬웠던 그녀는 인터뷰에서 이렇게 말했다.

"핑계를 대고 싶지는 않아요. 하지만 육지가 보였다면 저는 계속 헤엄쳤을 거예요!"

2개월 뒤 그녀는 다시 도전했고 이번에는 성공했다.

채드윅 같은 전문 수영선수도 목표를 잃으면 절망한다. 그래서 니체는 다음과 같이 말했다.

자신의 영혼 속 영웅인 목표를 포기하지 마라.
더 좋은 삶을 위해, 모욕당하지 않기 위해 자신의 이상과 꿈을 포기하
지 마라.

니체는 목표를 영혼 속에 숨어 있는 영웅이라고 했다. 만약 우리
가 그 영웅을 버리거나 깊이 잠재우면 믿음을 잃고 절망할 것이다.
목표는 용기와 에너지의 원천이자 노력의 근거이며 발전의 원동력
이다.

· 젊었을 때 더욱 목표를 추구하라 ·

Friedrich Wilhelm Nietzsche

연말이 다가오면 "시간이 화살처럼 지나갔네"라는 말이 저절로 튀어나온다. 부자든 빈자든 시간이 빠르다고 느끼는 것은 마찬가지다.

당나라 말기 시인 왕정백王貞白의 〈백록동이수白鹿洞二首〉, 명나라 시인 전학탄錢鶴灘의 〈명일가明日歌〉, 중국 현대시인 주쯔칭朱自淸의 〈총총匆匆〉은 모두 시간의 빠름을 이야기한 작품이다. 더구나 지금은 TV, 인터넷, 휴대전화 등 각종 오락수단이 발전하면서 시간을 낭비하기가 더 쉬워졌다.

TV를 보든 게임을 하든 블로그를 구경하든 SNS에 댓글을 달든 시간은 어김없이 흘러간다. 더 심각한 사실은 SNS나 블로그가 집중력을 떨어뜨린다는 점이다. 예를 들어 일이나 공부를 하면서 SNS에 신경을 쓰면 재미있는 글이 올라오지 않았을까, 누가 내 글에 댓글을 달거나 추천해주지 않았을까 하는 생각을 떨칠 수 없다. 그래서 집중하지 못하고 계속 휴대전화를 만지작거린다.

이건 결코 과장이 아니다. 현재 많은 사람이 각종 오락수단을 즐기는 동시에 그것의 노예가 되어가고 있다! 이런 굴레에서 벗어나 현재에 집중할 수는 없을까? 니체의 말에서 해답을 찾아보자.

사람에게는 목표가 있어야 하며 젊을 때는 더욱더 목표를 추구해야 한다.

이상과 목표는 미래지향적이면서도 현재에 집중하게 해준다. 로마는 하루아침에 이뤄지지 않았다. 원대한 목표가 있으면 목표는 하루아침이 아니라 시간의 흐름과 함께 작은 목표와 과정이 차곡차곡 쌓이면서 이뤄진다는 사실을 깨닫는다.

원대한 목표를 실현하기 위해서는 짧은 시간에 이뤄낼 작은 목표도 세워야 한다. 작은 목표를 꾸준히 달성해가다 보면 원대한 목표도 실현할 수 있다.

장기와 단기 목표를 세워 계속 바쁘게 노력할 경우 낭비할 시간이 없지 않을까?

· 목표는 꿈을 성취하고 자신을 통제한다 ·

Friedrich Wilhelm Nietzsche

옛날에 한번 읽은 문장은 잊지 않고, 감탄스러울 정도로 뛰어난 문장을 단숨에 써내는 신동이 등장해 사람들을 놀라게 했다. 그 신동의 존재가 널리 알려지자 각지에서 그를 보고 싶어 하는 사람이 끊이지 않았다.

고관대작들도 신동을 보기 위해 아이의 아버지를 초대했고 신동이 문장을 쓸 때마다 돈을 쥐어주었다. 시골 농민이 갑자기 대갓집을 드나들며 돈을 벌자 신이 난 신동의 아버지는 날마다 아들을 데리고 다니며 재주를 뽐내게 했다.

그러나 시간이 흐르면서 총명함을 잃어간 아이는 더 이상 뛰어난 문장을 써내지 못했다. 신동이라 이름을 날렸던 그 아이는 어느새 평범한 농촌 총각이 되어버렸다.

그 신동은 바로 북송시대 왕안석王安石과 동년배로 알려진 방중영方仲永이다. 그는 왕안석의 산문 〈상중영傷仲永〉 덕분에 널리 알려졌는데 왕안석은 방중영을 '하늘에서 총명함을 받은' 신동으로 묘사했다. 다소 과장이 섞였을 수도 있으나 방중영이 신동이었던 것만은 분명하다.

방중영에 비견할 만한 신동으로 명나라 때의 정치가 장거정張居正을 꼽을 수 있다. 두 사람 모두 신동이었지만 이들에게는 극명한 차이가 존재한다. 장거정은 자신의 재능을 살려 높은 관료가 된 반면 방중영은 재능을 잃고 평범한 농민이 되었다.

왜 이런 차이가 생긴 걸까? 그 이유는 간단하다. 장거정은 어려서부터 총명했으나 이에 안주하지 않고 계속 목표를 정해 노력했다. 반면 방중영은 원대한 이상이나 목표 없이 현실의 이익에 만족하며 살았다. 자신의 재능에만 매달리다가 공부할 시기를 놓쳐버린 방중영은 결국 평범한 농민에 머물렀다.

니체가 말했다.

목표와 꿈이 있는 사람만 자신을 통제하는 법을 배우고 꿈을 성취할
길을 찾아 성실하게 나아간다.

꿈을 잃으면 마음은 향락, 방임 같은 부정적인 감정에 휩싸여 타락한
다. 이와 함께 성취욕이나 자신을 통제하는 마음도 모두 사라진다.

　방중영 부자父子, 특히 그의 아버지는 니체가 말한 성취욕과 자
신을 통제하는 마음이 모두 부족한 사람이었다. 만약 그에게 아들
을 성공자로 만들겠다는 꿈이 있었다면 아들을 데리고 전국 곳곳
을 돌기보다 공부에 매진하도록 했을 것이다. 과거시험 합격이 고
관대작들에게 푼돈을 받으며 생활하는 것보다 훨씬 더 낫기 때문이
다! 혹시 방중영의 아버지가 몇백 년 늦게 태어나 명나라 때 오승은
吳承恩이 쓴 《서유기西遊記》를 읽었다면 결과는 달라지지 않았을까?

　성공으로 가는 길에는 온갖 시련과 유혹이 가득하다. 대개는 시
련에 부딪혀 나아가지 못하거나 의지가 부족해 유혹에 쉽게 빠져든
다. 실제로 실패 사례를 보면 유혹이 시련보다 더 무섭다는 것을 알
수 있다. 가령 당나라 삼장법사는 인도로 불경을 구하러 갈 때 요괴
들의 위협에 시달렸다. 삼장법사 이전에 불경을 구하러 간 승려들
은 모두 실패했다.

　삼장법사는 모든 위협을 이겨냈지만 그에게도 치명적 유혹이 찾

아왔다. 아름다운 미모의 여인국 국왕이 그를 유혹한 것이다. 물론 삼장법사는 넘어가지 않았다. 왜냐하면 그에게는 인도에서 불경을 구해 당나라 백성을 구원하고 싶다는 뚜렷한 이상과 목표가 있었기 때문이다. 그는 확고한 목표 아래 강인한 의지로 유혹을 뿌리쳤다.

만일 방중영 부자에게 이 같은 이상이 있었다면 돈의 유혹에 빠지지 않았을 테고 평생 농민으로 살아가지도 않았을 것이다!

· 목표를 넘어서는
내 안의 잠재력을 깨워라 ·

Friedrich Wilhelm Nietzsche

학창시절 나는 《삼국연의三國演義》를 세 번이나 읽고서야 유비가
본받을 만한 인물이라는 걸 깨달았다. 걸출한 영웅이 즐비했던 삼
국 시대에 유비는 사실 별다른 재능이 없던 인물이었다. 그에게는
관우, 장비, 조운만큼 뛰어난 무술 실력도 없었고 제갈량이나 방통
처럼 지략이 월등하지도 않았다. 전체적인 능력을 봐도 조조만 못
했다. 더구나 손권처럼 뛰어난 아버지(손견)나 형(손책)이 있던 것도

아니었다.

그가 유일하게 내세울 만한 것은 '중산정왕中山靖王의 후손'이라는 것뿐이었다. 하지만 역사 기록에 따르면 중산정왕 유승劉勝에게는 아들이 120여 명이나 있었고 이미 3백여 년 전에 살았던 제후라 유비는 그에게 아무것도 물려받지 못했다.

과연 유비는 천하가 3분으로 쪼개진 그 시절 어디에 의지해 성장했을까? 모두가 말하듯 유비는 인재를 상당히 중시했다. 그가 인재를 중시한 이유는 그에게 원대한 목표가 있었기 때문이다. 그는 자신이 다른 사람보다 재능이 부족하다는 걸 알고 있었다. 그래서 자신의 원대한 목표를 실현하기 위해 최대한 인재를 끌어모았다. 장판전투長坂戰鬪에서 조운이 그의 아들 아두阿斗를 구해오자 그는 아이를 땅바닥에 내팽개치며 아들 때문에 귀한 장수를 잃을 뻔했다며 화를 내기도 했다. 또 제갈량을 설득하기 위해 삼고초려三顧草廬하는 수고를 마다하지 않았다.

유비는 원대한 목표를 이루기 위해 수단과 방법을 가리지 않고 인재를 등용했을 뿐 아니라 일부러 인자하고 정의로운 척했다. 그가 매번 "조조와 반대로 행동해야 성공할 수 있다"고 말한 걸 보면 교활하고 속임수를 잘 쓰는 조조와 대조적으로 일부러 인자함과 정의로움을 선택했음을 알 수 있다.

목표를 이루기 위해 그는 편안한 생활도 과감히 포기했다. 손권의 여동생과 결혼한 그는 동오東吳에서 편안하게 생활할 수도 있었지만 제갈량이 그에게 안락함을 버리고 촉나라로 돌아가야 한다고 일깨워주자 곧바로 이를 따랐다.

짚신장수에서 촉한蜀漢 황제로 거듭난 유비는 현실을 극복하고 성공하길 원하는 청년들에게 좋은 본보기다. 유비가 이처럼 성공한 계기는 원대한 목표에 있다.

> 사실 사람들은 자신의 능력을 제대로 알지 못한다.
> 목표를 세워 끊임없이 나아가면서도 자기 능력으로 목표를 이룰 수 있을지 없을지 모르므로 더 멀리 나아가려 한다.
> 이는 연약해 보이는 자기 내면에 자신이 꿈꾸는 목표를 넘어서는 능력이 있음을 모르기 때문이다.

유비는 니체의 이 말을 가장 잘 설명해주는 사례다. 가난한 짚신장수 유비가 한 왕조를 중흥하겠다고 했을 때 모두가 그를 무시하고 비웃었다. 아마 유비 역시 자신이 그토록 큰 성공을 거두리라고 예상치 못했을 것이다. 그러나 그는 목표를 이루기 위해 인재를 중용하고 인자함과 정의로움으로 일을 처리하면서 자신의 모든 잠재력을 발휘했다. 덕분에 그는 촉한의 초대 황제로서 역사에 이름을 남겼다.

· 성실한 바보가 되지 말아라 ·

Friedrich Wilhelm Nietzsche

종종 열심히 공부했어도 성적이 좋지 않거나 성실하게 일했지만 성과가 좋지 않은 사람을 보기도 한다. 왜 그런 걸까? 머리가 좋지 않아 노력한 만큼 성과를 거두지 못하는 걸까? 그럴 수도 있지만 가장 중요한 원인은 정확한 방향도 모른 채 막연히 노력만 하면 성과를 거둘 것이라고 생각한 데 있다.

이들을 일컬어 흔히 '성실한 바보'라고 한다. 기대하는 성과를 거

두려면 목표를 세워 정확한 방향으로 노력해야 한다.

몇 년 전 한 동료가 나를 찾아와 아들이 열심히 공부해도 성적이 좋지 않다며 하소연했다. 그는 자신과 아내는 모두 명문대를 졸업했는데 어째서 아들은 이토록 바보 같은지 모르겠다며 한탄했다.

사실 요즘은 입시경쟁이 너무 치열해 단순히 머리가 좋은 것만으로는 명문대에 갈 수 없다. 원하는 결과를 얻기 위해서는 방향을 정확히 세워 노력해야 한다.

그 동료의 아들에게 공부법을 명확히 알려주지 않으면 상황이 계속 악화될 게 분명했다. 내가 동료의 아들과 대화해 보니 모든 과목의 성적이 나쁜 건 아니었다. 영어 성적은 나빴지만 물리 성적은 상당히 좋았고 다른 과목은 평균 수준이었다. 이를 반영하듯 아이는 평소 물리학에만 집중했고 다른 과목은 공부하려 하지 않았다. 나중에 물리학자가 되고 싶다는 아이에게 나는 니체의 말을 들려줬다.

단순히 꿈만으로는 안 된다.
반드시 방향을 정해 꿈을 이룰 길을 찾아야 한다.

물론 좀 더 현실적인 조언도 곁들였다.

"물리학자가 되려면 먼저 대학에 들어가야 해. 그래서 지금 성적을 올릴 필요가 있는 거야."

침울해하는 아이에게 나는 노력하는 방향이 정확하지 않아 성적이 나빴던 거라고 타일렀다.

"영어 공부의 핵심은 문제풀이가 아니라 기초를 다지는 데 있어. 먼저 단어와 문법을 중점적으로 공략한 뒤 독해와 듣기 공부를 해봐. 기초를 착실히 다지면 영어 성적이 쑥 올라갈 거야."

이때 구체적으로 하루에 단어와 문법 몇 개, 문장 몇 줄을 외우고 공부할지 작은 목표를 세우라는 말도 해주었다. 그와 함께 동료에게 아이가 목표를 달성하는지 확인하고 격려하라고 말했다.

6개월 뒤 아이의 영어 성적이 오르기 시작했다. 자신감을 찾은 아이는 이전에 물리학을 좋아한 것은 사실 영어와 다른 과목을 공부하는 게 두려워서였다고 솔직하게 털어났다.

공부 목표를 정확히 세운 아이는 스스로를 통제하며 자발적으로 모든 과목을 공부하기 시작했다. 현재 아이는 친구들과 신나게 놀면서도 하루하루의 학습목표를 충실히 이행해 좋은 성적을 유지하고 있다.

· 목표를 세우기 전에 진짜 나를 아는 방법 ·

Friedrich Wilhelm Nietzsche

목표는 굉장히 중요하지만 너무 서둘러 목표를 세울 필요는 없다. 목표를 세우기 전에 반드시 준비해야 할 것이 있기 때문이다.

어째서 다들 자신의 실수는 책임지면서 꿈은 책임지지 않는가?

그것은 자신의 꿈이 아닌가? 매일 이루고 싶다고 말한 그 꿈이 아닌가?

처음부터 자신의 꿈을 책임지려 하지 않으면 영원히 꿈을 이룰 수 없지 않겠는가?

꿈을 책임지려면 어떻게 해야 할까? 먼저 자신의 모든 것을 알아야 한다. 시간을 내 편안한 장소에 앉아 다음 질문에 답해보자.

특별히 좋아하는 취미가 있는가? 하면 할수록 기분이 좋아져 오랜 시간 집중해서 하는 취미가 있는가? 그것은 무엇인가? 취미를 직업으로 할 수 있을지 고민해본 적 있는가?

잘하는 것은 무엇인가? 다른 사람보다 잘하는 장기가 있는가? 추구하는 꿈과 장기에 공통점이 있는가? 만약 공통점이 없다면 꿈을 바꿀 생각이 있는가?

무엇을 경험했는가? 실패 경험에서 무엇을 느꼈는가? 또 성공 경험에서 무엇을 느꼈는가? 특색 있는 경험을 한 적이 있는가? 경험을 인생의 재산으로 만들 수 있는가?

인간관계가 어떠한가? 뛰어난 인물을 만나본 적이 있는가? 그와 더 깊이 관계를 맺을 수 있는가? 아는 사람 중에 지식, 금전, 열정 등에서 도움을 줄 수 있는 사람이 있는가?

스스로 선택한 일의 전망을 고민해본 적이 있는가? 경제흐름, 국가의 거시정책 방향과 환경, 정치, 역사, 문화 같은 요소가 자신의 일에 어떤 영향을 미칠지 생각해보았는가? 자신의 성향이 선택한 일을 하는 데 적합한가?(이를테면 창의적 사고가 중요한 일을 하면서 창의성이 떨어지는가?)

마지막으로 이렇게 물어보자.

'내가 마음 깊이 갈망하는 것은 무엇인가? 현재의 내 조건으로 그 욕구를 충족할 수 있는가? 어떻게 하면 욕구를 충족할 수 있는가?'

이 같은 문제에 솔직하게 답하면 자신을 명확히 알 수 있다. 그럼 목표를 세울 준비를 갖춘 셈이다. 이를 기반으로 인생의 장기목표와 단기적인 학습목표, 업무목표, 생활목표를 세워보자.

· 기회는 준비된 사람에게 주어진다 ·

Friedrich Wilhelm Nietzsche

대학 시절 존재감이 없던 빈斌은 졸업하고 10년 뒤 동창들의 부러움을 한 몸에 받는 행운아가 되었다. 몇 년 전 술자리에서 외삼촌에게 소개받은 성공한 사업가가 그에게 사업을 맡기면서 순식간에 억만장자가 되었기 때문이다.

모일 때마다 동창들은 빈을 부러워하며 자신에게는 왜 인맥 좋은 외삼촌이 없는지, 왜 성공한 사업가를 만날 기회가 없는지 한탄했다. 동창들은 빈이 우연히 성공한 것이라고 여겼다. 그러나 니체는 이렇게 말했다.

> 사람들은 다른 사람이 거둔 현재의 성과나 승리를 '우연'이나 '행운'에 따른 것으로 여기며, 자신은 운이 없어서 혹은 좋은 배경이 없어서 성공하지 못했다고 불평한다.
> 이런 생각은 자기도피에 불과하다.
> 자기 삶을 객관적으로 들여다보면 그런 생각은 하지 못할 것이다.

과연 빈의 성공은 우연히 이뤄진 것일까? 당연히 아니다. 사실 외삼촌과 사업가는 서로의 부탁을 들어줄 만큼 가까운 사이가 아니었다. 어째서 사업가는 일면식도 없는 빈에게 사업을 맡긴 것일까?

빈은 일찍부터 무역 분야에서 폭넓은 경험을 쌓았다. 대학 시절 친구들이 연애를 하거나 아르바이트를 하며 지낼 때 빈은 무역 공부에 매진했다. 또 친구들이 사회적 흐름에 따라 대학원에 진학할 때 독학으로 관세사 자격증 시험을 준비하며 무역 포럼에 참석해 두루 인맥을 쌓았다.

졸업 후 무역회사에 들어간 그는 기초 업무부터 시작했으나 대학 시절의 준비 덕분에 빠르게 승진하며 다양한 경험을 쌓을 수 있었다. 사업가를 만났을 무렵 그는 이미 무역 이론과 경력을 충분히 쌓은 상태였다. 사업가는 그걸 보고 빈에게 사업을 맡긴 것이었다.

빈이 사업을 맡은 것은 우연이 아니라 필연이다. 충분한 준비를 갖춘 그는 언제든 성공 기회를 포착하거나 사업가의 도움을 받을 수 있었다. 지금의 사업가가 그에게 사업을 맡기지 않았어도 그는 다른 기회를 잡았을 것이다. 동창들이 우연이라 치부한 빈의 성공은 사실 장기목표를 꾸준히 실천해온 결과였다.

빈의 성공을 보면 장기목표를 세우고 꾸준히 실천하는 것이 얼마나 중요한지 알 수 있다. 운이 없어서 성공할 기회를 만나지 못했다고 불평하지 말고 장기목표를 세워 꾸준히 준비해야 한다. 준비된 사람만 기회를 포착하는 법이다. 기회는 항상 준비된 사람에게 주어진다.

·목표를 구체적으로 계획하라·

Friedrich Wilhelm Nietzsche

오래전 나는 대학 입학을 위해 친구 레이雷와 함께 둥베이東北로
향했다. 기차 안에서 이런저런 얘기를 나눈 우리는 1년 안에 여자
친구를 만들기로 약속했다. 내 전공인 경제학과에는 여자가 많은
반면 레이가 선택한 공대에는 여자가 적었기 때문에 나는 자신이
있었다. 그런데 1년 뒤 여전히 혼자였던 사람은 오히려 나였다.

레이의 학과에는 여학생이 딱 두 명이었는데 그는 오리엔테이션이 끝난 뒤부터 그중 한 여학생에게 애정 공세를 퍼부어 성공했다고 한다. 그럼 나는 무얼 했을까? 많은 여학생 속에서 정확한 목표를 정하지 않아 결국 아무런 결실도 얻지 못했다.

그 경험으로 나는 어떤 일을 하든 목표를 정확히 세워야 한다는 사실을 깨달았다. 이런저런 이익을 따지며 갈팡질팡하다가는 좋은 결과를 얻을 수 없다. 니체 역시 나와 비슷한 깨달음을 얻었던 것 같다.

> 이상은 하늘에 걸려 있는 별과 같다.
> 고개 들어 바라보기만 할 게 아니라 하늘로 통하는 길을 찾아 그 별을
> 가져와야 한다.

이 말의 뜻을 이해했는가? 첫째, 이상은 바라보는 게 아니라 쟁취하는 것이다. 둘째, 목표가 정확해야 한다. 즉 모든 별이 아니라 '하나의 별'을 목표로 삼아야 한다.

사회가 발전하면 분야는 점차 세분화된다. 그 모든 분야에 통달하는 것은 불가능하다. 한 사람이 소유한 시간과 에너지는 한정적이기 때문이다. 결국 성공하려면 목표를 세밀하게 세우고 충분히 준비해야 한다.

예를 들어 목표가 '위인이 되는 것'이라고 해보자. 이것은 범위가 너무 넓으므로 어떤 분야에서 위인이 되고 싶은지 구체적으로 생각해야 한다. 만약 선택 분야가 문학 쪽이라면 어느 장르에서 위대한 작가가 될지 고려해야 한다. 장르도 경제, 사회과학, 문학처럼 다양하니 말이다. 문학 역시 시, 산문, 각본, 소설 중에서 분야를 결정해야 한다. 여기가 끝이 아니다.

소설로 정했다면 예술적인 소설인가, 대중적인 소설인가? 만일 대중적인 소설이라면 무협, 연애, SF, 추리 중에서 어느 분야인가?

개중에는 특별히 여러 분야에 통달한 사람도 있지만 평범한 사람은 먼저 한 분야에 집중해야 한다. 한 분야에서 성공한 뒤 점차 다른 분야에 진출할 경우 모든 분야를 통달할 수 있다. 당연한 얘기지만 한 분야를 정복하는 것이 모든 분야를 통달하는 것보다 훨씬 쉽다.

따라서 두루뭉술하고 거대한 목표가 아니라 세밀하고 구체적인 목표를 세워야 한다. 대다수는 재능이 평범하므로 작은 영역부터 차근차근 성장해가려는 계획을 세우는 것이 바람직하다.

· 원대한 목표를 계획해야 하는 이유 ·

Friedrich Wilhelm Nietzsche

나는 걷기를 좋아해서 매일 2킬로미터 거리인 베이투청北土城까지 걷거나 6킬로미터 거리인 베이징 사범대학까지 걷는다. 그런데 베이투청까지 갈 때는 2킬로미터가 상당히 멀게 느껴져도 베이징 사범대학까지 갈 때는 베이투청이 가깝게 느껴진다. 베이투청까지 갈 때는 1킬로미터만 걸어도 이제 다 왔다고 생각하는 까닭에 나머지 1킬로미터가 멀게 느껴지는 것이다.

반면 베이징 사범대학까지 갈 때는 멀다는 것을 알기에 마음의 준비를 단단히 해서 그런지 2킬로미터 거리도 힘들게 느껴지지 않는다. 5킬로미터 정도는 걸어야 비로소 거의 다 왔다는 생각이 든다.

결국 목표를 멀리 잡을수록 더 큰 잠재력을 발휘할 수 있다. 니체의 말을 들어보자.

어떤 목표든 자신이 이룰 수 있는 단계 이상으로 세워야 한다.

원대한 목표를 세워야 더 많은 성공을 거둘 수 있다. 원대한 목표를 세우지 않으면 현재의 성과마저 보장할 수 없다.

초한전쟁楚漢戰爭 시절 몇 년간 이어져온 싸움에 지친 항우는 유방과 천하를 나눌 생각을 했다. 천하를 나눠 갖는 것도 그리 나쁜 선택은 아니었기 때문이다. 하지만 유방은 전혀 그럴 생각이 없었다. 끊임없이 세력을 수습한 유방은 마지막 결전인 해하전투垓下戰鬪에서 항우군을 철저히 무너뜨렸고 결국 항우는 오강烏江에서 자결했다.

"물을 거슬러 올라가는 배는 앞으로 나아가지 않으면 뒤로 밀린다"는 말은 군사 분야뿐 아니라 거의 모든 영역에 적용할 수 있다. 가령 자사상품 시장점유율이 높다는 이유로 기업이 기술 발전에 투자하지 않을 경우 몇 년 뒤 시장에서 도태된다. 마찬가지로 무림 고수가 자기 실력에 만족해 훈련을 게을리하면 몇 년 뒤 다른 사람에게 패하고 만다.

역사에는 작은 성과에 만족하며 안주하다가 비참한 말로를 맞이한 사례가 많이 등장한다. 그러므로 우리는 항상 현재에 머물지 말고 계속해서 자신을 넘어서려 노력해야 한다.

자신을 어떻게 넘어서야 할까? 그 방법은 '자신이 이룰 수 있는 단계 이상으로' 원대한 목표를 세우는 데 있다.

· 목표를 이룰 성공 가능한 계획을 세워라 ·

Friedrich Wilhelm Nietzsche

나폴레온 힐은 "목표를 세우고 실천하는 습관을 기르면 전혀 다른 사람이 될 수 있다"고 말한 바 있다. 이를 위해서는 먼저 계획을 세워야 한다. 니체의 말을 들어보자.

계획을 세워 행동하면 항상 즐겁고 강렬한 쾌감이 느껴진다.
여행계획이나 성과를 얻게 해주는 업무계획, 장기적인 인생계획을 세워라. (…) 모든 계획은 이상과 희망을 불어넣고 한없는 기대를 품게 해준다.

니체는 계획을 다양하게 세우라고 말했다. 인생에는 많은 목표가 있고 계획은 목표 실현에 꼭 필요하기 때문이다. 하나의 목표를 이루려면 최소한 하나 이상의 계획이 필요하다.

과연 계획은 어떻게 세워야 할까?

우선 자신이 진심으로 이루고 싶은 것이 무엇인지 파악해 구체화한다. 예를 들어 작가가 되고 싶다면 구체적으로 어떤 작가가 되고 싶은지 알아야 한다. 추리소설 작가가 되고 싶은가? 현재 그 목표에 맞는 글을 쓰고 있는가?

처음 몇 주 동안은 추리소설과 관련해 대략적인 내용을 알아본다. 정말로 자신에게 적합한지, 추리소설 작가가 되려면 어떤 준비가 필요한지 등을 파악할 필요가 있다. 그다음으로 몇 시간을 투자해 추리소설 작가가 되는 데 필요한 종합목표와 2~10개의 구체적인 목표를 세운다.

이를테면 다음과 같이 목표를 세울 수 있다.

목표1 : 국내외 유명 추리소설 작품을 중점적으로 읽는다.
목표2 : 다른 장르의 유명 작품을 읽어 문학 수준을 높인다.

목표3 : 독서 관련 목표 외에 생활과 사회 계획을 세운다. 가령 결혼계획이나 여행계획 등이 있다.

구체적인 계획을 세운 뒤에는 이들 계획을 다듬는다. 목표1의 경우 대략 책을 얼마만큼 읽어야 하는지 계산해 매일 몇 시간을 읽을지, 매주 몇 권을 읽을지, 매달 · 매년 얼마만큼 읽을지 정한다.

마지막으로 구체적인 계획을 실현할 기간을 정한다. 예를 들면 《셜록 홈스》 시리즈 2개월,《애거사 크리스티Agatha Christie 전집》6개월 하는 식으로 계획을 촘촘하게 세운다. 세운 계획을 실행하다 보면 어느 시점에 나의 목표에 도달해 있을 것이다.

· 단계적으로 계획을 실천하는 방법 ·

Friedrich Wilhelm Nietzsche

목표와 계획을 세우는 것으로 할 일을 다 했다고 생각하면 안 된다. 여기가 끝은 아니다.

계획을 세웠다는 즐거움에 안주해서는 안 된다.
세운 계획을 실천해야 한다.
그렇지 않으면 다른 사람의 계획 실천을 도와주게 될 뿐이다.

많은 사람이 계획을 세우는 건 쉽지만 실행은 어렵다고 말한다. 니체도 이를 지적한 바 있다.

계획을 실천하다 보면 각종 시련, 난관, 좌절, 실망과 마주하게 된다. 이때는 하나씩 극복하거나 도중에 포기하는 것 중 하나를 선택해야 한다.

마음이 강한 사람은 도중에 포기하지 않고 계속 나아간다. 어떻게 하면 이를 악물고 계속 나아갈 수 있을까? 심리학자들은 '400미터를 완주한다'는 생각으로 전진하라고 조언한다. 그러니까 먼 거리를 갈 때 얼마나 걸릴지 생각하지 말고 400미터를 완주한다는 마음으로 나아가라는 얘기다. 400미터를 염두에 두고 계속 나아가면 지치지 않고 전진할 수 있다.

예를 들어 원고지 2,500매 분량의 소설을 써야 한다면 얼마나 걸릴지 계산하지 말고 일단 일부분만 써본다. 금연할 때도 마찬가지다. 처음부터 하루 종일 피우지 않아야 한다는 생각을 하면 견디기 힘들다. 우선 한 시간 정도 피우지 않는 것을 목표로 한 뒤 시간을 늘려 나가다 보면 점차적으로 금연의 목표에 도달할 수 있게 된다.

실행 과정 중 계획에 문제가 없는지 살펴보는 것도 중요하다. 현재 하는 일이 목표 달성에 도움을 주는가? 난이도가 너무 어렵거나 쉽지 않은가? 실현 가능한 계획인가? 이런 질문을 자신에게 계속 해야 한다. 만약 계획에 문제가 생기면 어떻게 해야 할까?

간단하다. 멈추지 말고 계획을 수정하면서 진행한다.

단계적으로 실천해 중간중간 목표를 성취하면 맛있는 음식을 먹거나 영화를 보는 등 자신에게 보상하고 스스로를 격려한다. 이처럼 단계적으로 목표를 성취할 경우 다시 새로운 계획에 도전하고 싶어진다. 제대로 계획을 세워 실천하면 이룰 수 있음을 경험했기 때문이다. 덕분에 용맹한 수사자처럼 목표를 향해 힘차게 나아갈 수 있다.

절대로 도중에 멈춰서는 안 된다. 밀림의 왕 사자처럼 목표를 향해 힘찬 발걸음으로 맹렬히 나아가도록 하자.

니체의 인생 철학 Lesson3

내 삶의 진정한 주인이 되는
자기 통제력

Friedrich Wilhelm

Nietzsche

　　원대한 목표만 제대로 세우면 높이 날아오를 수 있을 것 같지만 실상은 그렇지 않다. 성공의 길에는 우리가 생각지도 못한 많은 '적'이 존재한다. 그중에서도 가장 위험한 적은 자신의 감정이다. 강인한 자기 통제력으로 감정을 조절하지 못할 경우 조그마한 변화에도 의기소침해지거나 분노하거나 질투에 사로잡히거나 조급해진다. 감정에 쉽게 사로잡히면 절대 성공할 수 없다.

· 의지에 영향을 주는 자기 통제력 ·

Friedrich Wilhelm Nietzsche

얼마 전 나는 한 교도관과 대화할 기회를 얻었는데 그는 교도소 수감자 중 90퍼센트는 자기 통제력이 부족해 범죄를 저지른 사람들이라고 했다. 수감자들이 대체로 자기 통제력이 부족해 도박이나 마약에 빠졌다가 결국 범죄의 길로 들어선다는 얘기였다. 또 자기 통제력이 부족해 예기치 못한 상황에서 순간적인 감정을 이기지 못하고 우발적으로 범죄를 저지르는 경우가 많다고 했다.

니체는 자기감정을 통제하지 못해 범죄자가 된 사람을 다음과 같이 묘사했다.

> 홍수 때 항상 범람하는 땅에 농사를 짓는 사람은 바보다.
> 용암이 분출하는 화산 근처에 집을 짓는 사람도 바보다.
> 어떤 대가가 따를지 알면서도 자기감정을 통제하지 못해 쉽게 화를 내
> 거나 감정과 욕망이 자신을 지배하도록 내버려두는 사람도 바보다.

홍수 때 범람하거나 화산이 분출하는 곳임을 알면서도 그곳에 경작하거나 집을 짓는 사람은 분명 바보다. 그러면 이런 부류만 바보라고 할 수 있을까? 그렇지 않다. 세상에는 그보다 더한 바보짓을 하는 사람도 많다.

그 대표적인 경우가 여색에 빠진 사람이다. 실제로 중국 역사에는 여색에 빠져 나라를 망친 황제가 많이 등장한다. 예를 들면 하나라 걸왕桀王은 말희妹喜, 상나라 주왕紂王은 달기妲己, 주나라 유왕幽王은 포사褒姒, 한나라 성제成帝는 조비연趙飛燕 자매에게 빠진 것으로 유명하다. 그중에서도 하나라 걸왕과 상나라 주왕은 여색에 빠져 나라를 망쳤으므로 어리석은 황제라 할 만하다.

당나라 현종玄宗은 어떠할까? 그는 제도를 정비하고 경제와 문화를 육성해 수십 년 태평성대를 일궈낸 점에서는 현명한 황제였다.

아쉽게도 그는 말년에 여색에 빠져 국정을 소홀히 했고 결국 안녹산安祿山의 난이 일어나고 말았다.

여색에 빠지면 화가 미친다는 것을 알면서도 연이어 여색에 빠진 황제나 홍수가 범람하는 지역에 농사를 짓거나 화산이 폭발하는 곳에 집을 짓는 바보가 무엇이 다르겠는가?

이런 바보는 과거뿐 아니라 지금도 많이 존재한다. 요즘도 성적 유혹을 뿌리치지 못하는 부패한 정치인, 도박에 빠져 파산하는 부자, 마약의 유혹을 외면하지 못해 곤두박질치는 연예인을 자주 볼 수 있다.

일반인은 이러한 유혹에 노출될 일이 많지 않지만 대신 다른 유혹에 빠져든다. 가령 온라인게임에 빠져 학업을 소홀히 하거나 SNS에 파묻혀 업무에 차질을 빚는 경우가 있다. 이 같은 바보가 많은 이유는 무엇일까?

사실 자신을 바보라고 생각하는 사람은 거의 없다. 다만 자기 통제력이 약해 게임이나 도박 같은 강력한 유혹을 받으면 순간적으로 의지가 쉽게 무너질 뿐이다. 일단 의지가 무너지면 욕망의 노예가 되어 스스로 바보 같은 행동을 하고 결국 고통스러워하면서도 어쩔 수 없이 더 깊고 위험한 수렁으로 빠져든다.

· 인간관계에 영향을 주는 자기 통제력 ·

Friedrich Wilhelm Nietzsche

　범죄 영화나 드라마에는 법정에서 피해자 변호사가 혐의를 부인하는 범인을 일부러 자극하는 장면이 많이 나온다. 이를테면 범인이 성불구자라 아내가 외도했다는 등의 민감한 내용을 폭로해 범인이 이성을 잃고 범죄 사실을 털어놓게 만든다. 이러한 작품은 대개계획에 성공한 변호사가 회심의 미소를 짓거나 범인이 자포자기하면서 끝이 난다.

　사람들은 이런 장면을 감독이 연출한 것이라고 여기지만 사실

이것은 재판에서 변호사들이 피고나 증인에게 자주 사용하는 방법이다. 이 방법으로 변호사는 상대의 분노를 북돋우거나 상대가 방심하게 만든다. 또 슬프게 만들거나 의욕을 잃게 한다. 그 목적은 상대의 이성을 무너뜨려 자신이 원하는 말을 이끌어내는 데 있다.

사람이 이성을 잃는 상황은 법정뿐 아니라 일상생활에서도 자주 볼 수 있다. 이는 적대 관계는 물론 친구 관계에서도 일어난다. 그래서 니체는 이런 말을 남겼다.

> 서로 사랑하거나 싸우거나 존경하는 관계에서 그중 한쪽은 온갖 짜증 나는 일을 담당한다.

대체 짜증나는 일을 담당하는 사람은 누구일까? 당연히 분노, 자만, 조급함, 상실감 등 감정을 통제하지 못하는 사람이다. 예를 들면 술자리에서 친구의 말에 격분해 욕하거나 폭행하는 경우, 작은 성과에 자만해 친구가 민감해하는 부분을 비웃으며 놀리는 경우가 있다.

감정을 통제하지 못해 말실수를 하거나 잘못 행동한 뒤 상대에게 곧바로 사과하면 관계를 회복하기도 하지만 모두 그런 것은 아니다. 더욱이 비웃거나 무시해서 상대의 기분을 상하게 했을 때는 관계를 회복하기가 쉽지 않다.

가령 작은 성공에 자만해 친구를 비웃거나 악의적인 불만을 쏟아놓았다고 해보자. 나중에 친구를 찾아가 말실수를 한 것이라고 하면 친구가 그 말을 믿을까? 물론 진심으로 사과하면 우정을 회복할 수도 있다. 그보다 더 골치 아픈 사람은 잘못하고도 잘못을 인정하기는커녕 최소한의 사과조차 하지 않는 경우다. 이때 우정은 끝장날 수밖에 없다.

언젠가 나는 "일은 수습할 수 있지만 말은 수습할 수 없다"는 글귀를 본 적이 있다. 그때는 그 의미가 선뜻 와 닿지 않았으나 나중에 곰곰 생각해보니 수긍이 갔다.

일을 잘못해 상대에게 피해를 주었을 경우 나중에 "고의가 아니었다"고 말하거나 "이렇게 될 줄 알았다면 절대 그렇게 하지 않았을 것"이라고 해명할 수 있다. 간절한 마음으로 상대에게 용서를 빌면 대개는 용서해준다. 상대가 고의성이 없었다고 봐주기 때문이다(설령 일부러 했다 하더라도 말이다). 이처럼 잘못한 일은 그 잘못을 인정하고 간절하게 빌어 관계를 회복할 수 있다.

말은 그렇지 않다. 말에는 태도나 감정이 담겨 있기 때문이다. 그래서 나중에 진심이 아니었다고 용서를 빌어도 잘 받아들여지지 않는다.

또 다른 상황으로 상대가 괴로워하는데도 관계를 포기하지 않는 경우가 있다. 상대가 괴로워한다는 사실을 알면서도 이를 인정하지 않거나 심지어 자신을 속이면서까지 계속 우정을 유지하려 하는 것이다. 그러던 중 어느 순간 말실수를 해서 상대에게 상처를 주면 필연적으로 우정은 끝나버린다.

이처럼 순간의 감정을 통제하지 못한 언행이 일부러 피해를 주는 것보다 상대에게 더 큰 상처를 줄 수 있다. 그러므로 인간관계를 성공적으로 관리하려면 자기감정을 잘 통제해야 한다.

· 성공을 좌우하는 자기 통제력 ·

Friedrich Wilhelm Nietzsche

성공한 사람들의 인생을 보면 노력이나 능력보다 좋은 기회를 잡는 게 더 중요하다는 것을 알 수 있다(물론 성실함과 총명함도 성공의 중요한 요소다). 좋은 기회를 잡으려면 어떻게 해야 할까? 일반적인 경우 귀인의 도움을 받는다. 사장의 신임을 받아 파격 승진하거나 고객의 환심을 사서 도움을 받거나 우연히 알게 된 사업가의 눈에 들어 영업을 제안받는 식이다.

이처럼 아무런 기반이 없는 젊은이가 벼락출세하려면 귀인의 도움을 받아야 한다. 예전부터 절이나 사당에 가서 점을 친 중국인은 평범한 점은 무료이지만 귀인의 도움을 받는 점은 많은 돈을 내야 했다.

귀인의 도움을 받으려면 점집이 아니라 자신에게 빌어야 한다. 결정적인 순간 어떤 태도를 보이는가에 따라 기회를 잡을지 놓칠지가 결정되기 때문이다.

다음 이야기를 살펴보자.

어느 날 쾌청하던 하늘에 갑자기 먹구름이 끼면서 소나기가 퍼붓자 행인들이 비를 피하기 위해 근처 상점으로 들어갔다. 그때 조용히 비를 피하는 다른 행인들과 달리 평범해 보이는 한 노부인이 계속 이것저것 물으며 종업원들을 귀찮게 했다. 눈치가 빠른 종업원들은 그 노부인이 비를 피하러 왔을 뿐 물건을 살 생각이 없음을 알고 그녀의 말을 무시했다.

그중 한 청년만 노부인이 귀찮게 하거나 말거나 친절하게 응대해주었다. 노부인이 큰 소리로 이런저런 요구를 하며 시끄럽게 소란을 피워도 청년은 끝까지 침착함을 유지하며 노부인을 정중하게 대했다.

며칠 뒤 그 상점에 한 손님이 찾아오더니 청년을 불러 책임감이 강하다고 칭찬하며 중요한 사업을 맡기고 싶다고 했다. 결국 그 청년은 성공한 사업가가 되었는데 그에게 사업을 맡긴 고객은 바로 노부인의 아들이었다.

만약 청년이 다른 종업원과 마찬가지로 노부인을 무시하거나 그녀의 귀찮은 요구를 거절했다면 성공 기회를 얻지 못했을 것이다. 니체는 이렇게 말했다.

> 충동에 따른 분노뿐 아니라 마음속에서 용솟음치는 다른 감정도 적절히 처리해야 한다.
> 자기감정을 성공적으로 관리하는 것은 정원의 화초를 잘 가꿔 열매를 얻는 것과 같다.

물론 노부인과 청년 이야기가 현실성 없게 들릴 수도 있다. 돈 많은 노부인이 혼자 걸어다닐 리도 없고 길거리 상점 종업원이 그런 노부인을 만나기도 쉽지 않기 때문이다. 더구나 종업원이 고객에게 감동을 주어 사업가로 성공하는 것은 현실적으로 거의 불가능하다.

그럼에도 불구하고 여기서 이 이야기를 소개한 것은 청년처럼 고객감동을 이끌어내 성공 기회를 잡으라는 뜻이 아니다. 만약 그렇게 이해했다면 실제 상황은 생각하지 않고 고지식하게 군사이론만 밀어붙이는 어리석은 장군과 다를 바 없다.

청년에게 본받아야 할 점은 자기감정을 처리하는 태도다. 언제 어디서 누구를 만나든 화를 내거나 서둘지 말고 침착하게 행동해야 한다. 그러면 사장과 동료는 물론 고객에게도 호의와 신뢰를 얻을 것이다. 바로 이것이 성공에 필요한 요소다.

· 감정을 다스리는 자기 통제력 ·

Friedrich Wilhelm Nietzsche

　의지력, 인간관계 그리고 사업적 성공을 위해서는 반드시 자기 통제력을 길러야 한다. 그러면 여기에 관심이 없는 사람은 자기 통제력을 기를 필요가 없을까? 그렇지 않다! 자기 통제력은 감정에도 상당한 영향을 주기 때문이다. 니체는 이성을 잃고 잘못된 행동을 하지 않도록 감정을 다스릴 줄 알아야 한다고 말했다.

우리가 감정을 다스려야 하는 이유는 도덕관념을 지키기 위해, 다른 사람의 질책이 두렵거나 보복을 피하기 위해, 종교적 신념을 지키기 위해서가 아니다.

그것은 자기 마음속 깊은 곳에 자리한 평온함과 행복감을 지키기 위해서다.

가령 어느 날 내가 형제처럼 가까운 친구에게 화를 내며 해서는 안 될 말을 했다고 해보자. 이때 두 사람은 서로 상처를 입어 이전의 관계를 유지하기 어렵다. 이전에 서로에게 느꼈던 평온함이나 행복감을 더는 느끼지 못하는 것이다.

그 친구가 내게 중요한 사람이거나 유일한 친구라면 혹은 연인이라면 나는 친구를 잃었다는 생각에 우울해질 수밖에 없다. 이럴 때는 맑은 하늘도 맑아 보이지 않고 밝은 햇볕도 따뜻하게 느껴지지 않는다. 이렇듯 자기 통제력을 잃은 행동은 평온함과 행복감을 깨뜨릴 뿐 아니라 마음을 공허하게 만든다.

돈, 마약, 온라인게임 때문에 자기 통제력을 잃은 사람은 겉으로는 즐기지만 속으로는 잘못되었다는 걸 안다. 그러나 자신을 통제하지 못해 멈추지 않는다. 이 경우 무질서한 쾌락에 빠져들면서도 마음 깊이 위기감, 책임감, 죄책감이 엄습한다. 쾌락을 느끼는 도중이나 느끼고 난 뒤 불현듯 이런 감정이 튀어나와 자신을 괴롭히지만 그 감정도 행동을 멈추지는 못한다.

어쨌든 자기 통제력을 잃고 돈, 마약, 온라인게임에 중독되면 쾌락과 동시에 상실감·공허감·무료함·자책감 같은 부정적 감정에 휩싸인다. 다시 말해 자기 통제력을 잃을 경우 상실감, 허망함, 실망감 등 숱한 부정적 감정이 엄습한다.

역사상 방탕한 황제로 유명한 수양제隋煬帝는 어느 날 술이 깬 뒤 거울에 비친 자신의 머리를 보며 이렇게 말했다고 한다.

"좋은 머리로다. 이 머리를 누가 벨 것인가?"

수양제는 자신이 살해될 것임을 알면서도 방탕한 생활을 멈추지 않았다. 이를 보면 그는 이미 신뢰를 잃고도 마음속으로 그것을 인정하지 않았던 것 같다. 그가 여색에 깊이 빠져든 것은 어쩌면 자포자기해 마음의 괴로움을 밀어내려 한 것인지도 모른다. 수양제가 느꼈을 상실감과 괴로움은 그 자신만 아는 일이다.

· 마음속 목소리에
귀를 기울이는 자기 통제력 ·

Friedrich Wilhelm Nietzsche

자기 통제력을 잃고 돈과 마약, 온라인게임의 노예가 된 사람은 분노·질투, 원망에 사로잡혀 괴로움을 느낄까? 머릿속으로 다음 장면을 상상해보자.

마약에 빠져 전 재산을 탕진한 중독자가 자책하는 모습.

도박에 빠져 전 재산을 잃은 사람이 홧김에 자기 손가락을 자르는 모습.

공부를 미뤄두고 온라인게임에 몰두한 아이가 PC방을 나오며 걱정하는 모습.

자기 통제력을 잃은 사람이 마음속으로 괴로워하는 이유는 무엇일까? 잘못된 행위 앞에서 아직 마음속에 남아 있는 이성의 목소리를 듣기 때문이다.

니체는 이 점을 아주 중요하게 보았다.

당신은 마음 깊은 곳에 있는 강력한 지도자를 생각해본 적이 있는가?
그 절대적이고 강력한 목소리가 하는 지시를 받아들여라.
기꺼이 그의 지휘와 명령에 복종하라.

내면 깊은 곳에서 들려오는 지시에 기꺼이 복종하면 다행이지만, 자기 통제력을 잃어 욕망의 노예가 된 사람은 그렇게 행동하지 않는다. 물론 내면의 목소리는 이들에게도 여전히 존재한다. 다만 그 목소리가 권위를 잃은 장군처럼 그들의 행동을 통제하지 못할 뿐이다.

그럼 어떻게 해야 할까?

예를 들어 장제스蔣介石의 아내 쑹메이링宋美齡, 장링푸張靈甫 장군의 아내 왕위링王玉齡, 유명 작가 장아이링張愛玲 같은 성공한 여성의 사진을 들여다보자. 어떤 생각이 드는가? 그들 중 몸가짐에 신경 쓰지 않아 흐트러진 모습을 보이는 사람이 있는가? 나이든 뒤에도 여전히 우아하고 단정하지 않은가? 자기 모습을 사진으로 찍기를 좋아하지 않는 사람은 그 이유가 사진 속에 담겨 있다.

자기 통제력은 어려서부터 교육으로 습득하거나 생활 속의 노력으로 기를 수 있다. 앞의 세 여성은 엄한 가정교육으로 자기 통제력을 길렀고 평생 자신을 엄격하게 관리했다. 노년까지 아름다움을 유지한 이들은 배우자가 세상을 떠난 뒤에도 자신을 잘 관리해 단정한 모습을 드러냈다. 자기 통제력이 강하고 마음가짐이 반듯한 사람은 나이와 상관없이 자기관리에 철저하다.

설령 어려서부터 자기 통제력을 습득하는 교육을 받지 못했어도 포기할 필요는 없다. 자기 통제력은 생활 속의 노력으로도 기를 수 있기 때문이다. 지금부터라도 자기 통제력을 길러보자. 과연 어떻게 길러야 할까? 그 해답은 미국 소설가 마크 트웨인의 말에서 찾을 수 있다.

"매일 하기 싫은 일을 하라. 이것이 해야 하는 일을 고통 없이 성실히 하는 습관을 기르는 황금률이다."

생활 속에서 자기 통제력을 기르자. 그러면 유혹을 느끼거나 탐욕, 분노 같은 감정이 생길 때 내면의 목소리에 따라 이겨낼 수 있다.

Friedrich Wilhelm Nietzsche

분노나 공포 같은 감정을 비롯해 물질적 유혹 등 자기 통제력을 위협하는 '적'은 아주 많다. 그중에서도 특히 물질적 유혹은 이겨내기가 상당히 어렵다.

다음 두 가지 유형 중 당신은 어느 쪽이고 싶은지 생각해보자. 유형 A는 항상 서둘지 않고 침착하며 진심으로 자기 일을 즐긴다. 유형 B는 늘 서둘고 긴장하며 이따금 경솔하게 행동한다.

두 가지 유형 중 어느 쪽이 되고 싶은가? 어쩌면 대답하기 전에 어느 쪽 유형이 더 성공하기 쉬운지 알고 싶을지도 모른다. 미리 말하자면 두 유형 모두 성공할 수 있다. 단, 유형 A가 성공할 가능성이 더 크다. 이쯤이면 모두들 망설임 없이 유형 A를 선택할 것이다.

두 유형에는 어떤 차이가 있을까? 바로 돈을 대하는 태도에 차이가 있다.

돈을 소유하려는 욕망이 지나친 사람은 돈의 노예가 된다.
이들은 돈을 더 벌기 위해 자신의 모든 시간과 능력을 쏟아 붓는다.
돈을 소유하려는 욕망이 한숨 돌릴 기회조차 주지 않기 때문이다.
일부는 소유욕에 완전히 사로잡혀 소유욕의 노예가 된다.
이들은 풍족한 마음, 활기찬 행복, 원대한 이상처럼 인류에게 가장 중요한 것을 무시하고 결국 돈만 소유한 가난뱅이가 된다.

니체는 이 말에서 유형 A와 B의 차이를 지적하고 있다.

유형 B는 돈의 노예가 되어 인생의 즐거움을 잃어버린 사람이다. 고대 그리스 철학자는 이런 유형을 "돈을 소유한 사람이 아니라 돈에 종속된 사람"이라고 했다.

유형 A는 많은 일을 간파하고 예측하며 소유욕의 속박에서 벗어난 사람이다. 그래서 여유롭고 편안하게 정신적 즐거움을 즐긴다.

두 유형 중 어느 쪽이 더 쉽게 성공할까? 어느 쪽이라고 콕 집어 말하기는 쉽지 않다. 돈에 집착하며 수단과 방법을 가리지 않는 유형 B는 상당한 사업가로 성공할 수 있다. 예를 들면 석유왕 록펠러처럼 말이다. 반면 유형 A는 돈에 집착하지 않는 대신 열정을 가지고 자기 일을 즐길 줄 안다. 이들은 화학 연구에 몰두한 노벨 같이 사업 분야에서도 큰 성공을 거둘 가능성이 있다.

이때 오해하지 말아야 할 것은 유형 A를 선택한다고 해서 돈을 경시하며 무소유의 경지를 추구해야 하는 것은 아니라는 점이다. 비록 니체는 속세와 약간 동떨어진 사람이었으나 그런 삶을 추구해야 한다고 말하지 않았다.

소유욕은 죄악이 아니다.
소유욕은 사람이 열심히 일해 돈을 벌게 해준다.
사람은 돈으로 풍족한 생활을 누리고 자유와 자립도 얻을 수 있다.

니체는 풍족한 생활과 자유, 자립을 누리기 위해 돈을 버는 것이라고 말하고 있다. 이것이 니체가 돈을 대하는 태도다. 물론 풍족함과 자유는 소유욕의 노예가 되지 않아야 누릴 수 있다.

· 분노의 불꽃을 잠재우는 자기 통제력 ·

Friedrich Wilhelm Nietzsche

이성을 잃게 만드는 분노는 해서는 안 될 말과 행동을 하게 한다. 더구나 이런 행동은 심각한 결과를 낳는다. 여기서 그 자세한 설명이나 예시는 소개하지 않을 생각이다. 대개는 그런 상황을 경험해봤을 것이기 때문이다.

과연 분노는 어떻게 잠재워야 할까? 니체의 말을 들어보자.

쉽게 화를 내고 찌증을 부리는 사람은 성격이 그런 것이다.

우리는 그들의 성격이 변하지 않을 거라고 믿는다.

인류의 성장은 이미 끝났고 사람의 성격은 바꿀 수 없다고 생각한다.

니체의 이 말에 실망했는가? 성격이 변하지 않는다면 분노를 어떻게 관리할 수 있을까?

니체의 말을 더 들어보자.

분노는 일순간의 충동이므로 자유자재로 통제가 가능하다.

분노를 다른 형식으로 표현할 수도 있고, 분노가 서서히 사라질 때까지 억누르며 기다릴 수도 있다.

이 말에는 두 가지 의미가 담겨 있다. 첫째는 분노가 사람의 본성이라는 점이다. 이것은 폭력을 당하거나 욕을 듣거나 부당한 대우를 받았을 때 화가 나는 이유다. 둘째는 분노가 치밀 때 화내지 않고 다른 방식으로 표현하거나 사라질 때까지 억눌러 통제할 수 있다는 점이다.

평상시 분노를 잘 통제하는 사람들이 자주 사용하는 방식을 알아보자. 이것은 분노를 통제하는 데 도움을 준다.

"나는 화가 날 때 다른 사람이 절대 눈치 채지 못하도록 한다. 사무실에서 나와 옥상이나 인적이 드문 곳에 가서 분노가 사라질 때까지 운동한 뒤 다시 사무실로 돌아온다."

"나는 화가 나면 펜을 들고 화가 나는 일을 적는다. 그렇게 적고 나면 마음이 후련해지면서 분노가 사라진다. 지금까지 적은 것을 모두 갖고 있지만 누구에게도 보여준 적은 없다. 화가 날 때 적는 습관을 들이자 점차 화를 내는 일이 줄어들었다."

"나는 화가 나면 '내가 화를 내면 상대방에게만 좋은 일이다. 분명 뒤에서 화를 내는 나를 바라보며 비웃을 거다'라고 생각한다. 그럼 상대방에게 비웃음을 당하기 싫어서라도 화를 참게 된다!"

"분노는 어떤 말과 행동이 아니라 내 감정 상태에 따라 생긴다. 그래서 나는 긴장하거나 초조할 때 잠시 쉬면서 감정을 가라앉혀 분노가 생길 틈을 주지 않는다."

· 1분 생각하기로 냉정함을
유지하는 자기 통제력 ·

Friedrich Wilhelm Nietzsche

역사에 등장하는 뛰어난 장군들은 야간 습격 전략을 즐겨 활용했다.

어둠을 틈타 적군 보초병의 눈을 피해 몰래 군영 막사 안으로 들이치면 옷도 걸치지 않고 무기도 쥐지 않은 채 잠든 군인들은 무방비 상태로 당하고 만다. 이 같은 야간 습격의 파급력은 상당히 강력하다. 상대가 우위를 점한 상황에서 야간 습격에 성공할 경우 전세를 완전히 뒤집을 수도 있다.

그럼 야간 습격은 매번 성공적일까? 그렇지 않다. 야간 습격의 파급력을 알기에 상대가 철저히 방비하기 때문이다. 설령 성공할지라도 그것이 승리로 직결되는 것은 아니다.

원나라 장군 왕보보王保保는 밤을 틈타 군사를 이끌고 명나라 장군 서달徐達의 군영을 습격했다. 그러나 즉각 혼란을 수습한 서달이 사기를 진작해 역습하는 바람에 오히려 왕보보가 패배했다.

야간 습격은 상대가 반격할 수 없을 때 성공하며 특히 상대의 사기에 타격을 입혀야 효과를 발휘한다. 칠흑같이 어두운 밤 갑자기 군영에서 비명소리가 울려 퍼지면 장군과 병사들은 어떤 상황인지 알지 못해 반격하기보다 도망칠 궁리부터 한다.

하지만 절체절명의 상황에서도 서달처럼 냉정하게 상황을 분석해 반격하면 적군을 격퇴할 수 있다. 야간 습격을 할 때는 신속하게 공격하고자 적은 병력으로 움직이기 때문이다. 결국 야간 습격에 효율적으로 대처하기 위해서는 냉정함을 유지하는 것이 가장 중요하다.

냉정함을 유지하는 것은 일상생활에서도 필요한 자세다. 니체는 이렇게 말했다.

냉정하게 대처하면 업무는 물론 대부분의 일을 순조롭게 해결할 수 있다.

덧붙여 니체는 냉정함을 다음과 같이 분류했다.

첫 번째 유형은 정신활동이 약해 냉정함을 유지하는 경우다. 이들은 어떤 일에도 관심이 없다. 대부분의 일이 자신과 관계가 없다고 여겨 제삼자처럼 냉정한 태도를 보인다.
두 번째 유형은 자신의 충동과 욕망을 이겨내고 냉정함을 유지하는 경우다. 이런 사람은 일을 확실하게 처리하고 관용적인 태도를 보이므로 사람의 마음을 편안하게 해준다.

니체의 분류에 따르자면 진정한 냉정함은 '자신의 충동과 욕망을 이겨낸' 냉정함이다. 이러한 자세는 오랜 노력을 기울여야 이뤄진다. 서달이 뛰어난 장군으로 거듭난 것은 침착한 성격을 타고나기도 했지만 무엇보다 여러 전투에서 생사의 고비를 넘기며 자기감정을 통제하는 방법을 터득한 덕분이다. 즉 서달은 후천적 노력으로 능숙하게 냉정함을 유지해 뛰어난 장군이 되었다.

현대인은 서달처럼 전투를 경험하며 감정을 절제하는 방법을 터득할 수 없다. 과연 현대인은 어떻게 냉정함을 유지해야 할까? 그 방법 중 하나가 '1분 생각하기'로 충동과 욕망을 절제하는 것이다.

욕망의 유혹에 휩싸여 잘못된 행동을 하려 할 때, 겁에 질려 도망가려 할 때, 분노에 사로잡혀 폭력적으로 변하려 할 때 감정을 억누르며 '1분만 참자'라고 자신에게 말해보자. 그 1분 동안 자신의 롤모델(가령 서달)이라면 이 상황에 어떻게 대처할지, 자기 모습이 잘못되지 않았는지 생각해보자.

그래도 감정이 가라앉지 않으면 다시 1분 동안 침착하게 상황을 돌아보면서 냉정함을 되찾도록 노력해야 한다.

· 한순간의 충동을 이기는 자기 통제력 ·

Friedrich Wilhelm Nietzsche

　나는 대학 다닐 때 들었던 한 사건을 아직도 또렷하게 기억하고
있다.

　어느 대학교 화학과에 재학 중인 한 여학생이 자신과 미모를 경
쟁하는 여학생을 심하게 질투했다. 질투심이 들끓은 그녀는 실험
실에서 몰래 황산을 훔쳐내 밤에 그 여학생이 있는 기숙사로 갔다.
그녀는 여학생이 잠자는 침대로 조용히 다가가 순식간에 황산을 얼굴에 뿌렸다.

그런데 그녀가 질투하던 여학생은 그곳에 없었고 침대에는 다른 여학생이 자고 있었다. 가엾은 그 여학생은 순식간에 얼굴이 녹아내렸고 인생마저 망가지고 말았다. 한순간의 충동으로 인생이 망가진 것은 피해를 당한 여학생뿐이 아니다. 질투심에 이성을 잃어 황산을 뿌린 여학생 역시 인생이 망가졌다. 그녀는 법의 엄격한 심판을 받는 것은 물론 평생 비난을 안고 살아가야 했다.

충동을 이겨내지 못하고 잘못된 행동을 하면 평생 후회할 결과를 남기고 만다! 우리는 역사에서 그처럼 쓰라린 교훈을 전해주는 사례를 많이 볼 수 있다. 그럼에도 불구하고 엽기적인 사건은 지금도 여전히 일어나고 있다. 니체는 다음과 같이 말했다.

> 당신의 적을 죽이고 싶은가? 충분히 생각한 일인가? 정말로 적을 직접 살해하고 싶은가?
> 당신에게 살해당한 그 사람은 영원히 '적'으로 남는다.
> 그런데도 당신은 심사숙고한 일이라고 확신하는가?

'영원히 적으로 남는다'는 것은 적을 살해할 경우 영원히 원수 관계가 되어 화해할 수 없다는 말이다. 또한 자신이 살해한 사람이 영원히 마음속에 남아 괴롭힐 것이라는 의미다.

　'적'이 마음속에 영원히 머물기를 바라는가? 그렇지 않다면 한순간의 충동이나 욕망에 휩싸일 때 스스로 정말 원하는 일인지 물어보자.

·감정의 주인이 되는 자기 통제력 ·

Friedrich Wilhelm Nietzsche

분노, 슬픔, 충동, 원망 같은 부정적 감정과 돈·마약 등의 외부적 욕망에서 벗어나 스스로 감정의 주인이 되어야 성공할 수 있다. 그래서 니체는 이렇게 말했다.

자신의 길을 찾은 뒤 홀로 용감히 나아가는 사람은 다른 사람들이 이루지 못하는 목표를 향해 끊임없이 날갯짓하며 날아오른다. 이들은 보통사람과는 전혀 다르다.

그들은 사물에 지나친 욕망을 보이지 않고 세상의 복잡한 일에도 연연하지 않는다.

그들은 마치 감정도 없고 세상만물에 모든 생각을 끊어버린 것 같다.

하지만 정말 그런 것은 아니다.

단지 더 높이 도약하고자 번거로운 것을 버린 것뿐이다. 버리지 않으면 몸이 무거워 더 높이 날아오를 수 없다.

우리는 부정적 감정을 불러일으키는 것에서 벗어날 수 있을까? 우리를 유혹하고 욕망에 휩싸이게 하는 것을 피할 수 있을까? 물론 불가능하다. 사회생활을 하는 동안 아무리 조심해도 인간관계에서 생기는 갈등을 피하거나 그에 따른 감정을 막을 수 없기 때문이다.

부정적 감정에서 벗어나려면 어떻게 해야 할까? 니체의 말을 들어보자.

꽃과 나무를 가꾸는 원예사는 필요한 새싹을 보존하기 위해 새로운 가지를 다듬는다. 원예사가 정성껏 보살피며 다듬는 이유는 식물이 건강하게 자라 꽃을 피워야 가을에 풍성한 열매를 맺기 때문이다.

마찬가지로 사람도 개인의 취향에 따라 계획적으로 자신을 다듬어야 한다. 가령 당신은 불같은 분노, 무절제한 감정, 끊임없는 욕망, 허영심 가득한 마음을 날카로운 가위로 잘라낼 수 있다.

모두가 자기 영혼의 원예사다. 모두 누구의 간섭도 받지 않고 스스로
자기 영혼을 다듬을 수 있다.

모두가 자기 영혼을 스스로 다듬으면 부정적 감정은 억제하고
긍정적 감정은 건강하게 키울 수 있다. 영혼이 이성의 규칙 안에서
아무런 구속 없이 자유롭게 성장하는 것이다. 고민이나 걱정 같은
부정적 감정을 홀홀 털어버리고 자유롭게 날아오를 때 우리는 더
힘차게 나아갈 수 있다.

어떤 일이든 스스로 좋아하고 가치 있다고 믿어야 열정적으로
최선을 다해 좋은 결과를 만들어낼 수 있다.
결과를 내는 것은 바로 '행동'이다. 비록 완벽하지 않아도 행동으로
어느 정도 결실을 거두는 것이 행동하지 않아
아무것도 얻지 못하는 것보다 낫다.

황금보다 더 고귀한 행동

Friedrich Wilhelm

Nietzsche

인터넷에 떠다니는 재치 있는 글로 《맹자孟子》〈고자告子〉편을 패러디한 글이다.

"큰일을 할 사람은 누구일까? 하늘은 어떤 사람에게 큰 임무를 내려주기 전에 먼저 이메일 계정이 해킹당하고 SNS 아이디가 무용지물이 되게 하며, 컴퓨터를 압수당하고 휴대전화를 도둑맞게 한다. 또 아이패드가 망가지고 와이파이가 잡히지 않게 하며, 인터넷 선을 끊어놓고 TV가 부서지게 한다. 나아가 술병까지 빼앗기게 한다. 그렇게 그 사람을 매우 지루하게 만들어, 정좌하고 반성하며 훈련과 독서로 깨닫게 한다."

나는 이 정도로는 충분치 않다고 생각한다. 깨달음을 완성하기 위해서는 반드시 행동이 따라야 하기 때문이다. 어느 위인은 "빗자루로 쓸지 않으면 먼지는 저절로 사라지지 않는다"라고 말했다. 즉 행동하지 않으면 성공할 수 없다!

· 완벽해질 때까지 기다리지 말라 ·

Friedrich Wilhelm Nietzsche

간혹 주위에서 연인과 뜨겁게 사랑하다가 헤어진 뒤 평생 연애를 하지 않겠다고 맹세하는 사람을 보기도 한다. 연인이 세상을 떠난 경우 따라 죽겠다고 소란을 피워 주위에 걱정을 끼치는 사람도 있다. 그런데 사람의 마음이란 얼마나 가벼운지 시간이 흐르면 그토록 간절하게 굴던 사람도 새로운 연인을 만나 또 다른 사랑을 시작한다.

반면 간절히 사랑을 고대하고 있으며 과거에 연인과 헤어진 경험이 없으면서도 여전히 혼자인 사람도 있다. 과거에 사랑 때문에 상처를 입은 사람도 빠르게 새로운 사랑을 시작하는데 그런 경험도 없는 사람은 어째서 사랑하는 사람을 만나지 못하는 걸까?

청춘이 한창 물이 오르는 대학 시절에도 4년 내내 연애하는 사람이 있는가 하면, 이성의 손을 한 번도 잡아보지 못하고 사회로 나아가는 사람도 있다. 한 번도 이성 교제를 해보지 못한 사람은 늘 마음에 드는 상대를 만나지 못했다고 변명한다.

신기하게도 못생기거나 돈이 없거나 볼품이 없는 친구에게 연인이 있는 경우가 많다. 오히려 외모가 준수하거나 배경이 좋은 친구가 연애에 서툴다. 사실 연애에 수줍은 성격이나 배경은 그리 중요하지 않다. 가장 결정적인 원인은 지나치게 완벽함을 추구하는 데 있다. 자신이 원하는 외모와 성격을 갖춘 사람만 찾으려다 보니 늘 혼자인 것이다.

동화나 소설에 등장하는 완벽한 사람을 현실에서 찾기란 거의 불가능하다. 설사 우연히 찾을지라도 연애로 연결되기가 어렵다. 상대방 역시 완벽한 사람을 찾기 때문이다. 결국 완벽한 사람을 찾으려고 하면 계속 혼자일 수밖에 없다.

물론 학창 시절을 혼자 외롭게 지냈다고 해도 실망할 필요는 없다. 사회에 나오면 다시 연인을 찾을 기회가 있으니 말이다. 그런데 일에서 완벽함만 추구하는 것은 다른 문제다. 완벽해야 한다는 강박관념에 휩싸이면 불만스러운 부분이 생길 때 흔들려 심각한 문제를 초래할 수 있다.

> 무슨 일을 하든 자신의 일이 다른 일보다 더 매력적이고 중요하다고 믿어야 한다.
> 그렇지 않으면 일에 불길한 조짐이 보인다는 생각만으로도 끊임없이 불행이 이어질 것이다.

니체의 이 말은 완벽함을 추구하지 말라는 의미가 아니다. 사실 완벽함을 추구하는 것은 일과 생활에서 계속 성장하는 동력이다. 이 말은 일할 때 완벽하지 않다고 해서 주저하며 일을 포기하지 말라는 뜻이다.

어떤 일이든 스스로 좋아하고 가치 있다고 믿어야 열정적으로 최선을 다해 좋은 결과를 만들어낼 수 있다. 결과를 내는 것은 바로 '행동'이다. 비록 완벽하지 않아도 행동으로 어느 정도 결실을 거두는 것이 행동하지 않아 아무것도 얻지 못하는 것보다 낫다.

· 모든 것을 준비할 때까지 기다리지 말라 ·

Friedrich Wilhelm Nietzsche

어느 부부가 먼저 집을 마련한 뒤 아이를 낳을 계획이었다. 그런데 매달 나가는 월세와 생활비를 제외하면 남는 돈이 거의 없어서 주택 계약금을 마련할 수 없었다. 설령 집을 사더라도 매달 나갈 대출금 이자를 감당하기 어려웠다.

어느 날 6개월 치 월세를 집주인에게 건네준 남편은 무척 우울해했다. 그렇게 살다가는 언제 집을 마련해 아이를 낳을 수 있을지 알 수 없었기 때문이다. 그날 저녁 그는 아내와 상의해 집을 마련할 계획을 세웠다.

결국 부부는 대출금과 친척에게 빌린 돈을 합해 집을 마련했다. 이후 남편은 빚을 갚기 위해 일에 매진했고 성과를 대폭 올리면서 월급이 올라갔다. 아내 역시 업무 외에 부업을 했고 일이 잘 풀려 부업 소득이 월급을 초과했다. 2, 3년 뒤 빚을 모두 청산한 부부는 계획대로 사랑스러운 아이를 낳았다.

항상 모든 조건이 갖춰질 때까지 일을 미루는 유형이라면 니체의 말을 명심하자.

> 정상에 오르기 위해서는 무얼 해야 할까?
> 그저 쉼 없이 오르는 것 말고는 없다.

인생은 고정된 선로를 운행하는 열차와 같다. 사람들은 보통 완벽한 조건을 갖춘 뒤에야 무언가를 시작하려 하지만 이는 고정된 선로를 벗어나는 것이나 마찬가지다. 완벽한 조건을 갖출 때까지 기다리다가는 영원히 아무것도 하지 못한다.

예를 들어 평범한 사람이 창업을 준비할 경우 몇 가지 조건이 충분치 않을 수 있다. 만약 자금이 부족하면 돈을 더 모아야겠다고 생각하기 십상이고 지식이 다소 부족할 경우에는 더 배우려 할 수 있다. 창업하려는 분야의 발전 전망이 명확치 않거나 국내 경기 상황이 좋지 않아 망설일 수도 있다.

　모든 문제를 해결한 뒤 창업하려 하면 창업의 꿈은 영원히 이룰 수 없다. 경기 상황과 창업하려는 분야의 발전 전망은 개인적으로 어떻게 할 수 있는 것이 아니다. 더구나 어느 분야든 직접 경험해보지 않는 이상 제대로 이해하기는 쉽지 않다. 마냥 망설이기만 하면 자금 문제나 집안의 도움을 받는 것도 자발적으로 해결하기 어렵다.

　사실 이 모든 조건을 완벽하게 만드는 방법은 즉시 뛰어들어 부딪쳐가며 해결하는 것이다. "궁하면 통한다"는 옛말이 있다. 직접 부딪치면서 노력하면 무엇이든 해결할 수 있음을 명심하자.

· 고민하지 말고 행동하라 ·

Friedrich Wilhelm Nietzsche

　　중국 현대사를 연구하는 한 교수가 내게 중화민국中華民國 시대 인물을 주제로 책을 내고 싶다고 했다. 나는 속으로 주제도 괜찮고 그 교수의 문장력이 뛰어나 책이 나오면 분명 많은 호응을 얻을 거라고 생각했다. 그래서 그에게 빨리 집필을 시작하라고 격려했다.

　　그로부터 1년 뒤 다시 만났을 때 진행 상황을 묻자 그는 난감해 하며 말했다.

"아직 집필하지 못했네. 강의 과목이 많아 글을 쓸 여유가 없었다네. 더구나 집필하려고 하면 자꾸 막혀서 좀처럼 쓰기가 쉽지 않더군. 먼저 A를 연구대상으로 삼았는데 자료가 충분치 않았네. 또 A가 사상적으로 스승인 B의 영향을 받았다는 걸 알게 됐지. 결국 B의 이론을 제대로 연구하지 않으면 A의 사상도 정확히 설명할 수 없는 거지. 지금 B를 연구하는 중일세."

언뜻 이 해명은 이유가 충분해 보이지만 사실은 핑계에 불과하다. 지금까지 무려 9년이 지났지만 그 교수는 아직 한 줄도 제대로 쓰지 않았다!

니체는 핑계를 대며 계속 미루는 사람들에게 이런 해결 방법을 제시했다.

인생의 가장 중요한 가치는 '어디서 왔는가'가 아니라 '어디로 가는가'에 있다. 당신의 명예도 거기서 나온다.
과거에 얽매이거나 꿈을 이야기하며 아무것도 하지 않거나 현실에 안주하면 안 된다. 끊임없이 전진하며 먼 곳으로 나아가라.
더 높은 곳을 향해 나아가라!

사람들은 항상 "시작이 어렵다"고 말하는데 시작하지 않으면 아무런 진전도 이룰 수 없다. 세상에는 좋은 아이디어를 내는 사람이 아주 많다. 그렇지만 행동하지 않으면 그 아이디어는 머릿속에 잠들고 시간에 파묻혀 사라지고 만다. 이는 아이디어가 세상에 나오지 못한 채 죽는 것과 같다.

자신에게 도움을 줄 아이디어가 있어도 용기가 없거나 게을러서 행동하지 않으면 달라지는 것은 아무것도 없다. 몇 년 뒤 다른 사람이 같은 아이디어로 큰 성공을 거둔 후에야 '그때 내가 행동했다면 지금 부자가 됐을 텐데' 하고 땅을 치며 후회할 것인가.

기회를 놓치고 양쪽 귀밑머리까지 희끗해진 상황에서 뒤늦게 후회한들 무슨 소용이 있겠는가? 좋은 아이디어가 있다면 망설이지 말고 바로 행동하자.

· 지금 내딛는 한 걸음만 바라보라 ·

Friedrich Wilhelm Nietzsche

아이디어가 있으면 즉시 행동해야 한다는 것을 머리로 이해하는 것은 쉽다. 그러나 머리로 이해했다고 곧바로 행동할 수 있는 것은 아니다. 일 자체가 자신의 능력을 넘어서는 것일 수도 있고 때론 계획보다 더 큰 난관을 만나기도 한다.

말단 공무원 샤오둥小東은 현재의 일에 전혀 전망이 없음을 깨닫고 베이징에 가서 공부하기로 했다. 샤오둥의 경력을 기록한 개인

당안檔案은 원래 기관이 보관했다.

마침내 그가 학업을 마칠 무렵 그의 소재지인 시공안국에서 경찰을 모집한다는 공고가 올랐다. 샤오둥은 거기에 지원하고 싶었으나 자신이 없었다. 필기시험 지원자 200여 명 중 단 3명만 뽑았기 때문이다. 요행으로 필기시험에 통과해도 또 다른 난관이 기다리고 있었다. 키가 작고 왜소한 그는 면접시험에 통과할 자신이 없었고 근시라서 체력시험에 합격하는 것도 어려운 처지였다.

더 힘든 것은 마지막에 치르는 정치시험이었다. 앞의 세 가지 시험은 개인의 노력으로 어떻게든 합격할 수 있지만 정치시험은 당안을 보관하는 기관 담당자의 손에 달린 일이었다. 만약 담당자가 샤오둥의 개인기록이 담긴 당안을 제공하지 않으면 취업할 수 없었다.

샤오둥은 시공안국에 꼭 들어가고 싶었으나 필기시험, 면접시험, 체력시험, 정치시험이라는 힘겨운 난관이 그를 짓눌렀다. 마음이 초조해진 그는 갈팡질팡하며 좀처럼 집중하지 못했다.

이대로라면 필기시험도 통과하지 못할 게 분명했다. 나는 그에게 니체의 말을 들려줬다.

운명은 마법으로 만들어지는 게 아니다.
현재 모습과 미래에 발생할 일을 단호하게 판단하고 행동하는 것이
앞으로의 운명을 만들어낸다.

니체는 자기 앞에 얼마나 많은 난관이 있든 결연하게 행동해야 한다고 말한다. 일단 행동하면 그에 따른 결과가 나타나고 이를 바탕으로 계속 한 발, 한 발 전진해 결실을 얻을 수 있다.

나는 샤오둥에게 '지금 내딛는 한 걸음만 보면서 전진'하라고 말했다. 시공안국 취업이라는 최종 목표를 생각하지 말고 눈앞의 목표에 집중하라는 얘기였다. 그렇게 눈앞의 목표를 하나씩 이뤄내면 최종 목표에 다가설 수 있다.

내 조언을 받아들인 샤오둥은 오로지 필기시험에만 전념했다. 필기시험에 합격한 뒤에는 면접시험에 최선을 다하면서 이후의 단계는 생각하지 않았다. 또 면접시험에 합격한 다음에는 체력을 기르면서 라식수술을 했다. 마지막 정치시험을 앞두고 당안 담당자를 찾아가 상의한 그는 시공안국 담당자를 만나 자초지종을 설명함으로써 문제를 해결했다.

현재 샤오둥은 시공안국에서 근무하고 있다.

'지금 내딛는 한 걸음만 바라보며 나아가는 것'은 여러 상황에 적용할 수 있다. 가령 소설을 쓸 때는 소설의 전체 구성을 계획하기보다 현재 떠오르는 글귀를 먼저 적어본다. 그러면 여러 영감이 떠오르면서 다음 글귀도 계속 써내려갈 수 있다.

긴 여정을 걸어가야 할 때 앞으로 얼마나 많은 길을 가야 하는지 계산하지 말자. 오늘 가야 하는 길만 생각하며 걷도록 하자.

· 낡은 관습의 속박에서 벗어나라 ·

Friedrich Wilhelm Nietzsche

세계 과학사를 살펴보면 재미있는 발명 이야기를 많이 발견할 수 있다.

처음 기차가 출현했을 때 마차와 경주를 했는데 어이없게도 마차가 승리했다. 이 때문에 기차는 한동안 마차보다 느리다는 비웃음을 받았다. 또 미국의 발명가 로버트 풀턴Robert Fulton이 증기선을 발명하려 할 때 사람들은 모두 바보 같은 짓이라며 반대했다. 하지만 여기에 굴하지 않은 풀턴은 증기선 상용화에 성공했다.

지금도 마찬가지지만 과거에도 사람들은 자신이 아는 낡은 관습에서 벗어난 새로운 물건이 등장하면 우선 배척하거나 비웃었다. 낡은 관습에 얽매여 새로운 것을 비웃는 사람들에게 어떻게 대처해야 할까?

세상의 상식, 도덕, 규범은 항상 당신에게 이건 해야 하고 저건 하지 않아야 한다고 말한다. 이 말을 따르면 일을 진행하기 어렵거나 난처한 상황에 놓여 아무것도 하지 못한다.

무언가를 시도할 때는 상식과 규범에 너무 얽매일 필요가 없다. 정말로 하고 싶은 일이면 쓸모없이 방해만 하는 것을 모두 버리고 과감하게 일을 진행해야 한다.

"지금 네 형편을 생각해봐. 허튼 꿈을 꾸고 있는 거야!"

"그 일은 예전에 다른 사람이 시도했다가 실패한 것이잖아. 그걸 다시 하는 건 바보 같은 짓이야!"

"네가 하려는 그 일은 자연법칙에 어긋나는 짓이야."

"너는 절대 성공할 수 없어. 지금 하는 일이나 착실히 해."

이런 말 앞에서 주눅 들지 말고 계속 자기 길을 나아가야 한다.

만약 망설여진다면 마음속으로 니체의 말을 떠올리자.

'쓸모없이 방해만 하는 것을 모두 버려라!'

· 오늘 할 일을 미루지 말라 ·

Friedrich Wilhelm Nietzsche

일본의 유명한 승려 신란親鸞은 아홉 살 때 노스님을 찾아가 출가하겠다며 체도剃度를 요청했다. 그때 노스님이 말했다.

"네 결심은 잘 알았다. 너를 제자로 맞이하고 싶지만 오늘은 너무 늦었으니 내일 아침에 다시 오거라! 그럼 체도해주겠다."

그때 신란이 말했다.

"내일까지 기다릴 수 없습니다. 저는 어려서 내일까지 출가 결심이 흔들리지 않을 자신이 없고, 고령이신 스님이 내일까지 살아계신다는 보장도 없지 않습니까!"

노스님은 곧바로 체도해주었다.

이 이야기는 '오늘 할 일을 미루지 말라'는 교훈을 담고 있다. 니체가 남긴 말을 보면 이 교훈을 더 잘 이해할 수 있다.

> 당신은 어떤 것을 생각하고, 어떤 선택을 하고, 어떤 감정을 품고, 어떤 것을 믿고, 어떤 것을 두려워하고, 어떤 것을 경시하고, 어떤 것을 속이고, 어떤 것을 하거나 하지 않는다.
> 이처럼 당신은 매일 많은 것을 한다. 당신이 매일 하는 이 모든 행동은 당신을 새롭게 만들어가고 또 당신이 끊임없이 변화한다는 것을 보여준다.

니체는 인생을 "과정의 연속"이라고 말했다. 현재의 나는 과거에 내가 한 행동의 결과이고, 미래의 나는 현재 내가 하는 행동이 결정한다. 따라서 오늘 해야 할 일을 하지 않으면 내일의 나는 새로울 수 없다.

나아가 오늘 해야 하는 일을 내일 하면 일의 효과는 반감되고 미뤄둔 일과 본래 해야 하는 일을 동시에 해야 하므로 제대로 처리하기 어렵다. 일을 미룰 때 최악의 상황은 신란과 노스님의 대화가 보여주듯 오늘 미룬 일을 내일 하지 못하는 경우다. 갑자기 몸에 이상이 생겨 미룬 일을 영원히 하지 못하는 상황이 벌어질 수도 있다.

시간은 마치 보기에는 엄청 많은 것 같은데 먹기 시작하면 금세 사라지는 커다란 솜사탕과 같다. 능력 있는 사람을 부러워하거나 성공한 사람을 질투할 때 그들이 자신과 어떤 점에서 다른지 생각해보았는가? 대개는 시간을 대하는 방법에서 차이가 난다.

시간을 부지런히 활용하는 사람은 성공의 초석을 다지지만 게으름을 피우며 낭비한 사람은 후회만 얻는다.

열정이 없으면
젊어도 노인보다 나을 게 없다.

열정은 인생을 끌고 가는 힘

Friedrich Wilhelm

Nietzsche

세월은 우리의 피부를 주름지게 하고 몸에 활력을 잃게 하며 기억력을 흐릿하게 만든다. 그러나 이런 것은 그리 중요치 않다. 열정만 있으면 노쇠해 침대에 누워 있어도 여러 가지 일을 할 수 있기 때문이다. 반면 열정이 없으면 젊어도 노인보다 나을 게 없다. 열정이 없다는 것은 곧 젊음의 활력과 창의성 그리고 끊임없이 나아가려는 영혼이 없음을 의미한다.

·마음을 즐겁게 하는 열정·

Friedrich Wilhelm Nietzsche

다음 두 장면을 상상해보자.

첫 번째 장면

3월이지만 아직 하얀 눈이 뒤덮인 둥베이 설원에서 사람들이 시베리아 쪽에서 불어오는 차가운 바람을 맞으며 일한다. 그들은 뼈가 시릴 정도로 추운 환경에서 열악한 대우를 받으며 일하고 있다. 하루에 받는 식량은 너무도 작아서 그릇까지 깨끗하게 핥아먹어도 배가 차지 않아 들판의 풀로 허기를 채워야 한다. 더구나 사는 곳도 마땅치 않아 외양간이나 지하실(땅을 직사각형 모양으로 판 토굴)에서 지낸다.

일요일과 휴일에도 쉬지 않고 하루 10시간 정도 일하며 바쁠 때는 20시간 넘게 계속 일한다. 이같이 열악한 환경에서 일하지만 보수도 형편없고 추가수당도 받지 못한다.

두 번째 장면

에어컨과 난방기를 갖춰 봄날처럼 쾌적한 빌딩에서 사람들이 첨단 사무기기를 다루며 일한다. 이 깨끗하고 호화로운 빌딩으로 출근하는 젊은이들은 많은 월급을 받으면서 주5일, 매일 8시간만 근무한다. 빌딩의 꼭대기 층에는 식당, 카페, 휴게실이 있고 배고프거나 목마르거나 피곤할 때는 언제든 이용할 수 있다.

두 장면이 묘사하는 근무환경은 극과 극이다. 비유하자면 하나는 지옥 같고 다른 하나는 천국 같다. 그럼 두 장면 중 어느 쪽 근무자들이 더 즐거워할까? 대다수는 두 번째라고 하겠지만 실은 첫 번째다.

첫 번째는 1960년대 다칭大慶유전에서 석유를 생산하던 장면이다. 당시에 열정적으로 일한 그들은 몇 년이 흐른 뒤에도 그때를 아름다운 추억으로 기억했다.

두 번째는 현대 화이트칼라들이 일하는 장면이다. 이들은 비록 좋은 환경에서 충분한 휴식시간을 보장받으며 일하지만 대부분 자기 일에 별로 열정이 없다. 심지어 출근하자마자 퇴근시간만 기다리며 하루가 너무 길다고 생각한다.

왜 이런 차이가 생긴 걸까? 니체의 말을 들어보자.

> 누군가는 "이 일은 정말 대단해"라고 말하고, 다른 누군가는 "카누를 타고 급류를 내려가는 기분이야. 정말 엄청나"라고 말한다. 또 누군가는 "전에는 집안일을 전혀 하지 않았어. 지금 해보니 집안일이 쉽고 재미있네"라고 말한다.
> 사람들은 재미있는 일이 생기면 주변 사람과 공유하려 한다. 이것은 일 자체가 재미있어서가 아니라 열정이 있기 때문이다.

같은 집안일도 좋아하는 사람과 싫어하는 사람으로 나뉘는 것을 보면 니체의 말이 쉽게 이해가 간다. 니체는 즐거움은 일 그 자체가 아니라 그것을 하는 사람의 마음이 결정한다고 말한다. 열정적으로 임하면 일이 즐겁다는 얘기다.

다칭유전에서 석유를 생산한 노동자들은 일에 열정적이었다. 그래서 그들은 열악한 환경에서도 즐겁게 일했다. 반대로 현대인은 좋은 환경에서 일하지만 열정이 없어 일을 하며 즐거움을 느끼지 못한다.

· 성공의 동력인 열정의 힘 ·

Friedrich Wilhelm Nietzsche

　유비가 죽은 뒤 제갈량은 '한나라 왕실 부흥'이라는 유비의 유지를 따르고자 여섯 번에 걸쳐 북벌을 단행했다. 하지만 위나라 군과의 싸움이 여러 차례 이어지면서 촉나라 군의 피로가 심해지고 후방의 보급도 어려워졌다. 어쩔 수 없이 제갈량은 병사들에게 교대로 일정 기간 동안 전선을 지키게 했다.

　첫 교대시간이 돌아오자 전선을 지키던 병사들은 서둘러 짐을 꾸리기 시작했다. 어서 쉬고 싶은 마음에 교대할 병사가 오기도 전에 짐부터 싼 것이다. 바로 그때 전방에서 적군이 촉나라 군영을 향해 오고 있다는 소식이 들려왔다.

짐을 싸던 병사들은 다시 전장으로 가야 했지만 피로가 극에 달해 교대시간만 기다려온 그들은 싸울 생각이 없었다. 제갈량은 병사들의 그 마음을 잘 알고 있었다. 싸울 마음이 없는 병사들을 데리고 전투를 치르면 참패할 게 분명했다.

어떻게 해야 할까? 오랜 시간 고민한 제갈량은 비록 적군이 진격해오고 있지만 병사들의 피로가 상당하니 전투에 참여하지 말고 후방에 가서 쉬라고 했다. 이 소식을 들은 병사들은 제갈량의 배려에 깊이 감동했다. 그들은 제갈량의 배려에 화답하기 위해 마지막으로 전투에 참가한 뒤 후방에 가서 쉬기로 했다. 병사들은 열정을 다해 맹렬하게 진격했고 적군은 갑작스런 공격에 뿔뿔이 흩어졌다.

군사전문가들의 분석에 따르면 그 당시 위나라 군이 더 많고 강했다고 한다. 만약 평상시처럼 교전했다면 촉나라 군은 이기지 못했을 것이다. 그렇지만 촉나라 병사들에게는 제갈량의 배려에 보답하고 싶다는 강한 열망이 있었다. 이처럼 사기가 오른 상태에서 전투를 치른 촉나라 군은 상대적으로 열세였지만 승리했다.

이것이 바로 열정의 힘이다! 니체는 이렇게 말했다.

"행동할 때는 반드시 한 가지를 지켜야 한다."

"그것이 무엇입니까?"

"열정적이어야 한다! 행동할 때는 의문을 품거나 나태해지지 말고 강력한 열정으로 나아가야 한다."

열정은 태풍과 같다. 일단 열정이 끓어오르면 자신을 괴롭히던 열등감, 나약함, 게으름, 수줍음, 절망감 같은 부정적 감정은 태풍에 휩쓸리듯 흔적도 없이 사라진다.

또한 열정에는 신비한 힘이 있다. 제갈량이 열정으로 피곤한 병사들의 사기를 끌어올려 대적할 상대가 없는 강인한 병사로 바꿔놓았듯 말이다.

지금도 열정은 아주 중요한 역할을 한다. 비록 재능이 부족해도 열정이 있으면 재능 있는 인재를 끌어 모을 수 있다. 꿈을 이룰 자금이나 기회가 없어도 열정으로 사람들을 설득해 도움을 이끌어낼 수 있다. 그러니 성공의 동력으로 열정의 신비한 힘을 활용해보자.

· 유일무이한 존재인 나 ·

Friedrich Wilhelm Nietzsche

　자신의 외모가 너무 평범하다고 생각하는가? 자신의 능력이 보잘것없다고 생각하는가? 자신의 인생이 별 볼일 없다고 생각하는가? 자신만의 개성이 없다고 생각하는가?

　많은 사람이 자신이 평범하다고 생각하는 탓에 공부나 일에 열정을 다하지 않고 대충대충 살아가려 한다. 정말로 평범할까? 그렇지 않다. 모든 사람은 유일무이한 존재로 각자 자신만의 장점을 갖추고 있다. 이것은 내가 태어나자마자 아니, 태아 시절에 이미 결정된 것이다.

난자와 정자가 생명을 만드는 순간 한차례 우열을 가리는 치열한 경쟁이 벌어진다. 무수히 많은 정자가 단 하나의 목표인 난자를 향해 질주하는 것이다. 이 경쟁에서 승리할 확률은 500만 명과 경쟁해서 승리할 확률보다 낮다. 이 치열한 경쟁에서 승리한 정자가 지금의 당신을 만들어냈다! 우리는 무수히 많은 상대와의 경쟁에서 승리해 이 세상에 온 셈이다.

우리뿐 아니라 아버지, 어머니 그리고 모든 친인척도 치열한 경쟁에서 승리한 덕분에 이 세상에 올 수 있었다. 한마디로 우리는 생명 탄생의 순간부터 승리자였다. 그러니 우리는 이 세상에서 유일무이한 존재다.

설사 내가 잘못된 길을 걷더라도 나는 여전히 다른 사람의 머리 위를 걷고 있다.

이것은 내 생각이 정확하며 어쩌다 잘못된 길로 들어서더라도 여전히 다른 사람보다 우위에 있다는 의미다. 이 말은 다음과 같이 해석할 수도 있다. 설령 어떤 부분에서 부족하거나 잘하지 못해도 자신에게 다른 사람보다 나은 장점이 있음을 믿어야 한다! 우리는 유일무이한 존재이자 승리자이기 때문이다.

그렇다고 자신이 뛰어난 존재라는 꿈에 젖어 현실을 회피해서는 안 된다. 자신이 유일무이한 존재라는 생각은 과거에 이룬 승리의 영광을 지키기 위해 용맹한 병사처럼 나아가는 데 필요한 요소다. 그것을 지키려면 열심히 배우고 일하며 최선을 다해 살아가야 한다. 나아가 열정의 불꽃으로 자신이 걸어갈 길을 비춰야 한다.

· 깊이 이해해야 열정을 가질 수 있다 ·

Friedrich Wilhelm Nietzsche

　고교 시절 나는 거의 모든 운동에 흥미가 없었고 축구도 좋아하지 않았다. 그런데 최근 축구에 빠진 친구가 밤새도록 축구경기를 보면서 단체 채팅방에 경기소식을 올리는 바람에 강제적으로 세계의 축구 소식을 접하고 있다. 갑자기 축구에 열을 올리는 이유가 궁금해 그 친구에게 묻자 이런 응답이 돌아왔다.

　"나도 고교 시절에는 축구를 좋아하지 않았어. 대학에 들어가 축구를 엄청나게 좋아하는 기숙사 룸메이트를 만났고 매일 축구 소식을 듣다 보니 나도 모르게 좋아지더라고."

친구는 이렇게 덧붙였다.

"너도 글을 쓰다가 힘들면 축구를 봐봐. 축구를 알면 그 매력에서 헤어 나올 수 없을 거야."

친구의 얘기를 들으며 나는 깊이 이해해야 열정적일 수 있다는 말을 새삼 떠올렸다. 니체는 다음과 같이 말했다.

> 이런저런 이유를 대며 어떤 사람이나 일을 이해하려 하지 않으면 당신은 그것을 사랑할 수 없다.

자기 분야를 속속들이 알고 진심으로 열정을 기울여야 성공할 수 있다. 즉 자기 분야를 이해하고 열정을 기울이는 것이 성공하는 방법이다. 사람들은 보통 열정, 이해, 성공 중에서 성공을 가장 마지막 목표라고 생각한다. 이에 따라 성공할 수 있다면 과정은 중요치 않다고 오해한다. 실은 성공뿐 아니라 열정도 중요한 목표 중 하나다.

인생이라는 긴 여정은 무수히 많은 짧은 과정을 완성하면서 이뤄진다. 하지만 그렇게 얻은 순간의 기쁨만으로는 긴 여정을 소화하는 데 무리가 따른다. 결국 우리는 과정에서 즐거움을 찾아야 한다. 이 경우 긴 여정 자체를 즐길 수 있게 해주며 이를 뒷받침하는 것이 바로 열정이다.

열정적인 사람은 싫증을 내거나 도중에 포기하지 않는다. 긴 여정 동안 열정을 발휘해 모든 시간을 집중하면 성공할 가능성이 굉장히 높다. 이런 연유로 열정도 성공과 같이 추구해야 할 목표다.

열정은 깊은 이해와 성공을 향한 갈망으로 만들어진다. 문제는 오랫동안 묵묵히 성공을 향해 나아가다 보면 지친다는 데 있다. 성공을 이루는 여정이 너무 먼 까닭이다. 이때 필요한 것이 자기 분야를 깊이 이해하려는 자세다.

만약 현재의 일에 열정이 없다면 포기하지 말고 자기 일을 더 깊이 알아보자. 가령 역사, 성공한 인물, 알려지지 않은 이야기 등을 살펴본다. 자기 분야를 깊이 이해하면 저절로 열정이 생기고 덕분에 성공을 향해 즐겁게 나아갈 수 있다!

· 일단 시작하라 ·

Friedrich Wilhelm Nietzsche

운동에 관심이 없던 나는 언제부터인가 테니스에 마음을 빼앗겼으나 직접 테니스를 치지는 않았다. 그저 TV에서 테니스 선수들이 코트를 종횡 무진하는 모습을 감상할 따름이었다. 선수들은 공의 움직임에 따라 왼쪽에서 오른쪽으로 순식간에 뛰어가고 뒤에 있다가도 앞으로 달려가 있는 힘을 다해 공을 쳐 냈다. 구슬땀을 흘리며 공을 향해 힘껏 뛰어가는 모습이 멋져 보였다.

TV로 시원시원하고 경쾌한 테니스 경기를 지켜보며 나는 순식간에 테니스에 빠져들었다. 그렇지만 테니스장, 라켓, 시간 등의 여러 요인이 겹쳐 나는 오랫동안 테니스를 직접 치지 못했다.

그러다가 이사하면서 우연히 테니스가 취미인 지인을 만나 테니스를 칠 기회를 얻었다. 직접 테니스를 쳐본 뒤에야 나는 공을 칠 때 힘을 적절히 조절하는 것이 중요하다는 사실을 깨달았다.

처음에는 힘을 조절하지 못해 무작정 힘껏 쳐내는 바람에 공을 멀리 날려 보내기 일쑤였다. 그렇게 몇 번 해본 테니스는 경기를 보며 상상했던 것만큼 재미가 없었고 결국 나는 테니스를 포기했다.

사실 지금까지 살아오면서 내가 도중에 흥미를 잃고 포기한 취미가 테니스만은 아니다. 나처럼 초반에 어려움을 느껴 포기하는 사람들을 향해 니체는 이렇게 말했다.

만약 당신이 음악에 취미를 붙이고 싶다면 음악 중반부뿐 아니라 재미가 없어도 첫 부분 연주를 진지하게 들어야 한다. 그렇게 몇 번 듣다 보면 음악의 묘한 매력에 빠져들 것이다.

사람과 일을 대할 때도 마찬가지다. 재미없는 처음 부분을 지나면 표면에 가려져 있던 면사포가 벗겨지면서 아름답고 매력적인 새로운 모습이 당신 앞에 드러난다.

무엇이든 처음 접할 때부터 매력을 느끼는 경우는 거의 없다. 테니스도 처음에는 기술을 몰라 코트 안에서 허둥지둥하며 우스운 모습만 연출하기 일쑤다. 그런 상황에서 재미를 느끼기란 힘들다.

그 과정을 거쳐 기술을 익히면 상황은 달라진다. 이때는 코트 안에서 한바탕 땀을 시원하게 쏟으며 테니스를 즐기게 된다. 경기의 주도권을 쥐고 상대를 이기면 평상시에 맛보지 못한 쾌감도 느껴진다. 이때 관중이 있을 경우 응원도 받는다. 바로 그 순간 테니스에 진정으로 빠져든다.

테니스뿐 아니라 다른 것도 마찬가지다. 가령 추리소설을 읽을 때 초반에는 별다른 흥미를 느끼지 못하지만 계속 읽다 보면 자신도 모르는 사이에 깊이 빠져든다! 일 역시 처음 시작할 때는 평범하고 지루해 보여도 계속 진행하면 점차 일의 매력을 발견하게 된다.

그러니 어떤 일이나 취미를 시작할 때는 처음부터 포기하지 말고 일정 기간 꾸준히 해보자.

· 결점까지 받아들여
전체를 거머쥐어라 ·

Friedrich Wilhelm Nietzsche

직업이나 취미를 선택할 때 우리는 먼저 그것을 자세히 알아본다. 그렇게 선택했다고 과거에 정조를 지킨 여인들처럼 일편단심으로 직업이나 취미를 즐길 수는 없다. 아무리 불꽃 같던 마음도 시간이 지나면 변하게 마련이다.

왜 마음은 변하는 걸까? 시간이 지나면서 아름다운 감정이 옅어지고 점차 부정적인 감정이 생겨나기 때문이다. 시간이 지나면서 뜨겁던 사랑도 서서히 사그라지고, 파도처럼 일렁이던 감정도 잔잔해지는 법이다.

아무리 사랑해도 행동, 성격, 취미 등 모든 것이 마음에 들 수는 없다. 이처럼 마음에 들지 않는 부분은 마치 아귀처럼 끊임없이 사랑을 갉아먹고 그 탓에 시간이 지날수록 사랑은 옅어진다.

독서, 공부, 직업, 교제, 취미 등 무엇을 접하든 가장 드넓은 사랑으로 전부를 받아들여야 한다.
자신이 싫어하는 부분, 불유쾌한 부분, 잘못되거나 지루한 부분이 있을 때는 곧바로 잊어야 한다.
전부를 받아들이는 법을 배우면 전체를 거머쥘 수 있다.

니체는 드넓은 사랑으로 전부를 받아들이되 결점은 빨리 잊으라고 한다. 만약 니체의 조언대로 결점을 받아들여도 본래의 싫증은 사라지지 않으므로 다시 열정이 생기기는 어려울 것이다.

하지만 미워하던 감정이 사라지면 새로운 매력을 발견할 수 있다. 마음을 바꿔 전부를 받아들이려 노력하기만 해도 보이지 않던 새로운 아름다움을 찾을 수 있다. 설령 찾지 못해도 전부를 받아들이려는 노력은 자신의 열정을 더욱 공고히 하므로 열정을 잃지 않는 데 도움을 준다.

· 공공의 이익을 동력으로 삼으라 ·

Friedrich Wilhelm Nietzsche

만일 누군가가 '즐거운 마음으로 다른 사람을 돕자', '사회에 환원하자', '인류를 위해 헌신하자' 같은 구호를 외치며 사람을 동원하려하면 많은 이들이 비웃으며 이렇게 말할 것이다.

"바보 아냐? 지금이 어떤 시대인데 그처럼 낡아빠진 구호로 사람을 속이려고 들어!"

그것은 정말로 시대에 뒤떨어진 구호일까? 시대에 뒤떨어진 구호라면 왜 마케팅 회사는 아직도 텔레마케터에게 이 같은 구호를 외치게 하는 것일까? 그냥 쇼에 불과한 것일까? 그렇지 않다. 텔레마케터가 이러한 구호를 외치는 것을 거짓이라고 의심해서는 안 된다. 이들이야말로 가장 현실적이기 때문이다. 이들은 주문하는 고객이 왕이라는 사실을 잘 알기에 거짓으로 쇼를 할 필요가 없다.

사실 그들이 구호를 외치는 데는 심리적인 이유가 있다.

텔레마케터가 잠재고객에게 전화를 거는 목적은 최대한 주문을 많이 받기 위해서고 주문을 많이 받을수록 실적이 올라간다. 최종적으로 이 모든 것은 더 많은 돈을 벌기 위해서다.

현장에서 마케팅을 할 때는 체면이나 자존심을 전부 버려야 한다. 그러나 자신의 체면과 자존심을 전부 버릴 수 있는 사람은 없다. 그것은 자신의 전부를 버리는 것이나 마찬가지기 때문이다. 그래서 텔레마케터는 잠재고객에게 전화해 거절당하고 심지어 욕을 들을 때마다 상처를 받는다. '이렇게까지 욕을 먹으며 돈을 벌어야 하나' 싶은 회의감에 열정까지 사라지고 만다.

이런 이유로 회사는 텔레마케터에게 동기를 부여하려 애쓴다. 가령 화장품 회사 매니저가 "우리는 여성들이 더 아름다워지도록 돕는 것"이라고 말하면, 텔레마케터는 설령 고객에게 거절당해도 '주문에 실패했다'가 아니라 '고객을 도와주지 못해 아쉽다'고 생각한다.

사실상 이것은 사람을 돕는 데 실패했다는 감정으로 성과를 올리지 못한 실망감을 대체하는 셈이다. 이 경우 텔레마케터는 이전처럼 심하게 자존심이 상하거나 마음에 상처를 입지 않는다. 결국 계속 거절당해도 흔들리지 않고 일할 수 있다.

> 일은 항상 다른 각도에서 해석할 수 있다.
> 좋은 일과 나쁜 일을 해석하는 정해진 이치가 있는 게 아니다.
> 좋고 나쁨, 아름다움과 추함, 쓸모 있음과 없음을 해석하는 것은 결국
> 자기 자신이다.

모든 일을 해석하는 권리는 자신에게 있다. 일을 계속하기가 힘들거나 일하면서 자존심에 상처를 입었다면 그 일이 공공의 이익에 도움을 주는지 생각해보자. 만약 도움을 준다면 일이 힘들 때 자기 자신에게 "이것은 나를 위해서가 아니라 다른 사람을 돕기 위해서야" 혹은 "지금 포기하면 안 돼. 노력하지 않고 포기하면 도움을 필요로 하는 사람들을 도울 수 없어"라고 말해보자.

이처럼 공공의 이익을 동력으로 삼으면 더욱 힘차게 나아갈 수 있다.

· 의도적인 행동을 통해 열정을 통제하라 ·

Friedrich Wilhelm Nietzsche

어느 유명 소설가가 이런 말을 했다.

"어두운 마음으로는 찬란한 미소를 지을 수 없다."

이 말은 마음이 표정과 언행에 영향을 미친다는 의미다. 그 반대의 경우도 있을까? 내 표정과 언행이 마음에 영향을 미칠까? 물론 가능한 얘기다. 니체의 말을 들어보자.

말이든 행동이든 생기를 불어넣으면 좋은 결과를 만들어낼 수 있다. 그 좋은 결과는 다시 당신에게 생기를 불어넣거나 열정적으로 생활하도록 자극한다.

이것은 심리학에서도 증명하고 있다.

사람의 내면 활동은 이성과 감정을 포괄하고 이는 행동에 영향을 미치는 가장 중요한 요소다. 그중 여기서 여러 차례 강조한 열정은 감정 활동에 속한다.

이성, 감정, 행동의 관계에서 이성은 많은 역할을 하지만 감정을 통제하지는 못한다. 우리는 이성적으로 열정이 중요하다는 것을 알고 있다. 그런데 우리가 아무리 이성적으로 열정을 불러일으키려 해도 열정은 느릿느릿 반응하거나 전혀 호응하지 않는다.

그럼 감정을 통제할 방법은 없는 것일까? 감정은 행동으로 통제해야 한다. 흔히 행동을 이성과 감정의 노예로 여기지만 사실 행동은 감정을 통제한다. 행동으로 마음을 바꿀 수 있는 것이다. 예를 들어 두려울 때 도망칠수록 공포는 더욱 강렬해진다. 추울 때 몸을 움츠리면 추위는 더 매서워진다. 오히려 가슴을 활짝 펴고 씩씩하게 움직이면 추위가 덜 느껴진다.

감정에 영향을 주는 행동은 당연히 열정에도 영향을 준다. 실제로 자신의 표정, 말, 태도에 의도적으로 신경 쓰면 열정을 일으킬 수 있다. 만약 마케터가 고객을 상대할 때 움츠러들거나 성의가 없으면 고객은 흥미를 잃어버린다. 반대로 미소를 지으며 반갑게 맞이할 경우 고객만족을 넘어 내면의 열정까지 불러일으킬 수 있다.

싫어하는 일이나 두려워하는 일을 할 때 가슴을 활짝 펴고 경쾌한 걸음으로 당당히 나서보자. 그러면 부정적인 감정이 점차 사라지고 열정이 솟구친다.

· 열정이 가득한 분위기를 전염시켜라 ·

Friedrich Wilhelm Nietzsche

　대학을 졸업한 뒤 나는 침구용품 전문회사에 입사했다. 우리 회사는 지점을 새로 열 때마다 유리창을 장식할 커튼을 구매했다. 당시 내 동료 중 하나가 커튼 판매회사와 협력계약을 맺는 게 어떻겠느냐고 제안했다. 그것은 커튼 판매회사가 우리 회사에 커튼을 무료로 제공하고, 우리 회사는 고객이 지점을 방문했을 때 그 회사 커튼을 추천하는 방식이었다.

좋은 아이디어라고 판단한 사장은 구매부에 계약할 만한 회사를 찾아보라고 지시했다. 그때 구매부가 나서서 몇 군데 회사의 의사를 타진했지만 모두 미적지근한 반응을 보였다. 그들이 계속 계약할 만한 회사를 찾고 있을 때 진행 상황을 물어본 사장이 이렇게 말했다.

"계약하지 못해도 괜찮아. 계속 찾아봐."

사장은 부담을 갖지 말라는 의미로 그렇게 말한 것이겠지만 이로 인해 직원들은 사기가 꺾이고 말았다. 더구나 그것은 실패했을 경우 책임을 회피할 구실을 마련해주었다. 그날 오후 커튼 회사를 방문한 구매부 직원들은 제대로 협상하지도 않은 채 돌아왔다. 결국 그 계획은 커튼회사가 계약을 원치 않는다는 이유로 실패로 끝났다.

따지고 보면 그 계획을 포기한 것은 무척 아쉬운 일이었다. 분명 양쪽 모두에게 이익이 돌아가는 계획이었고 일단 협력계약을 맺으면 우리 회사는 커튼 구매비용을 아낄 수 있었다. 커튼회사 역시 우리 회사의 여러 지점에서 제품을 홍보할 기회를 얻으니 손해가 아니었다.

만약 회사가 열정적으로 나섰다면 분명 계약할 커튼회사를 찾을 수 있었을 것이다. 아쉽게도 사기를 꺾는 사장의 말 한마디에 직원들은 열정을 잃었고 결국 그 계획은 실패로 끝났다. 그렇다고 사장만 탓할 수는 없다. 구매부 역시 열정적이지 못했다. 구매부 직원들에게 열정이 있었다면 사장이 사기를 꺾는 말을 했더라도 어떻게든 계약을 맺어 자기 능력을 드러냈을 것이다.

이처럼 회사 분위기는 직원들에게 커다란 영향을 미친다. 반대로 직원들의 언행 하나하나도 회사 분위기에 영향을 준다. 니체는 다음과 같이 말했다.

> 가정에서 한 사람이 우울해하면 가족 전체가 어두워진다.
> 가정뿐 아니라 모임이나 직장도 마찬가지다.
> 반대로 한 사람이 활력이 넘치면 주변에 긍정적 에너지를 준다.

감정은 전염된다. 한 사람이 열정적으로 행동하면 주위 사람들도 열정을 보인다. 반대로 한 사람이 부정적 감정을 드러내면 주변 사람들도 어두워진다. 그러므로 가정에서든 모임이나 직장에서든 비록 자신의 역할이 보잘것없어도 부정적인 행동이나 말을 해서는 안 된다.

열정적으로 행동할 경우 주변 사람들의 열정을 불러일으켜 분위기를 긍정적으로 바꿔놓을 수 있다. 이는 공공의 이익에 도움을 주는 것을 넘어 사회를 긍정적으로 변화시킬 수 있다.

· 열정의 가장 큰 적은 좌절이다 ·

Friedrich Wilhelm Nietzsche

열정의 가장 큰 적은 좌절이다. 우리 주위에는 좌절해 젊은 시절의 열정을 잃어버린 사람도 많다. 물론 모든 사람이 좌절한다고 열정을 잃는 것은 아니다. 작가 량헝梁衡은 좌절한 사람은 다음 네 가지 모습을 보인다고 말했다.

첫째, 용기를 잃고 포기한다. 둘째, 세상을 원망하며 불평한다. 셋째, 상황을 파악한 뒤 허둥지둥한다. 넷째, 침착하게 상황을 파악하고 전력을 다한다.

이 중 앞의 두 가지는 좌절감에 빠져 열정을 잃고 무기력해지거나 원망하며 회피하는 경우다. 이런 사람은 인생이 불행할 수밖에 없다. 나머지 두 가지는 좌절 앞에서도 열정을 잃지 않는 모습이다. 열정을 잃지 않는 이유는 마음속에 꿈을 이룰 수 있다는 희망을 품고 있기 때문이다.

좌절을 겪으면 당장은 우울하고 실망스럽겠지만 꿈을 이루리라는 희망이 있을 경우 다시 열정을 발휘해 극복해갈 수 있다.

당신은 현재 인생의 정상에 있는가, 아니면 인생의 정상에 오를 수 있다는 희망을 품고 있는가?
정상에 오르면 어떤 기분일 것 같은가?
정상에 올라야 비로소 느끼겠지만 구름을 뚫고 우뚝 솟은 정상에는 눈과 독수리, 적막만 존재한다.

니체가 말한 정상은 인생의 가장 큰 이상을 의미한다. 사람들은 인생의 정상에 오르기를 갈망한다. 그래서 거대한 고난을 만나도 열정을 발휘해 싸워 나간다.

여기 평생 동안 열정을 다해 싸운 사람의 인생 이야기가 있다.

그는 스물한 살 때 사업에 실패했고 스물두 살 때 의원선거에서 패배했다. 그리고 스물세 살 때 다시 사업에 실패했다. 스물여섯 살 때는 사랑하는 사람을 잃었고 정신질환에 시달리기도 했다. 서른 네 살 때는 다시 의원선거에서 낙선했다.

여러 차례 좌절을 겪으면서도 그는 포기하지 않았다. 그는 바쁘게 변호사 일을 하면서 계속 세상일에 관심을 기울였고 마침내 쉰 두 살에 미국 대통령에 당선되었다. 계속 이어진 좌절에도 열정을 잃지 않은 그 사람은 바로 미국에서 가장 위대한 대통령으로 평가받는 링컨이다. 링컨의 삶은 우리에게 강인한 희망과 신념을 소유한 사람은 열정을 잃지 않는다는 것을 보여준다.

지금 자기 일에 열정이 생기지 않거나 좌절을 겪어 의욕을 잃은 상태라면 자신의 꿈이 무엇인지 생각해보자. 나아가 현재 자신이 꿈과 멀어져 있지 않은지 돌아보고 꿈을 이루기 위해 무얼 해야 하는지 고민해보자. 꿈을 이루고자 최선을 다하면 어느 순간 자신도 모르는 사이에 열정이 솟아날 것이다.

· 가장 강력한 무기, 열정 ·

Friedrich Wilhelm Nietzsche

어느 시대든 불평하는 사람은 늘 있다. 그들은 사람들이 잔인하다며 원망하고 사회가 너무 불공평하다며 불평한다. 또 세상이 전부 잘못되었고 모두가 자신을 적대시한다며 원망한다. 흥미롭게도 이들은 절대 자기 자신은 돌아보지 않는다. 이런 사람에게 니체는 다음과 같이 말했다.

자기 잘못은 돌아보지 않은 채 모든 문제를 다른 사람과 사회 탓으로 돌리면 책임감을 조금도 느끼지 못한다. 계속 이런 마음자세로 살아가는 사람은 다른 사람들과 사회를 원망한다.

좌절을 겪을 때 불만을 보이는 것은 괜찮지만 그전에 먼저 자신에게 문제가 없었는지 살펴봐야 한다. 그리고 파악한 문제를 바탕으로 조치를 취해야 한다. 설사 그 조치로 자기 문제를 모두 해결할 수 없을지라도 괜찮다. 그렇게 한 것만으로도 정확한 길로 걸어가는 것이기 때문이다. 자기 문제를 개선하면 다른 사람과 사회를 향한 원망은 점차 줄어든다.

회계학을 전공한 샤오위小雨는 대학을 졸업한 뒤 회계사무소에 취직할 계획이었다. 하지만 경력이 없는 탓에 번번이 면접시험에서 떨어졌다. 그녀는 경력자만 찾으면서 갓 졸업한 자신에게는 기회조차 주지 않는 회사들을 원망하며 무척 불만스러워했다.

그녀가 답답한 마음에 학과장을 찾아가 도와달라고 요청하자 학과장이 말했다.

"면접시험을 볼 때 네 열정을 보여주었니?"

샤오위가 답답하다는 듯한 표정으로 말했다.

"이건 열정이 있고 없고의 문제가 아니에요. 회사마다 경력이 없는 사람은 거들떠보지도 않는다니까요! 그러니 열정이 있은들 무슨 소용이 있겠어요!"

아무튼 학과장을 만나고 돌아온 샤오위는 다음 면접시험을 볼 때 최대한 열정적인 모습을 보이기로 했다. 그러자 그녀의 생각과 달리 금세 취직에 성공했다.

나중에 자신을 채용한 상사와 친해진 샤오위는 왜 자신을 채용했는지 물었다. 그가 말했다.

"원래 경력자를 뽑을 계획이었어. 만약 면접시험에서 네가 다른 사람들처럼 예의 바른 사회초년생으로 보였다면 떨어뜨렸을 거야. 그런데 너는 무척 열정적이었고 그것이 내 마음을 움직였어. 이렇게 열정적이라면 경력이 없어도 자신의 부족한 점을 훌륭히 채울 수 있을 거라는 생각이 들었지. 그래서 너를 채용한 거야!"

만약 지금 연거푸 취업에 실패해 다른 사람과 사회를 원망하고 있다면 니체의 말과 샤오위 이야기를 읽어보자. 무슨 생각이 드는가?

취업에 실패하는 결정적인 원인은 평범한 외모, 변변찮은 말솜씨, 경력 부족에 있지 않다. 오히려 자신의 결점 때문에 자신감을 잃고 위축된 모습을 보이는 것이 실패의 원인이다.

이제부터 자신의 가장 강력한 무기로 열정을 선택해보자. 열정은 자신의 결점을 보완해주고 면접관의 마음을 움직인다. 열정을 충분히 발휘하면 과거에는 넘지 못할 것처럼 보이던 거대한 난관이 사실은 한순간에 무너지는 작은 장애물에 불과하다는 것을 깨닫게 된다.

이것은 취업뿐 아니라 인생에서 만나는 모든 좌절에 적용할 수 있다. 지금 좌절 속에서 다른 사람과 세상을 원망하고 있는가? 그러면 차분히 자신에게 물어보자.

"지금 내게는 열정이 있는가?"

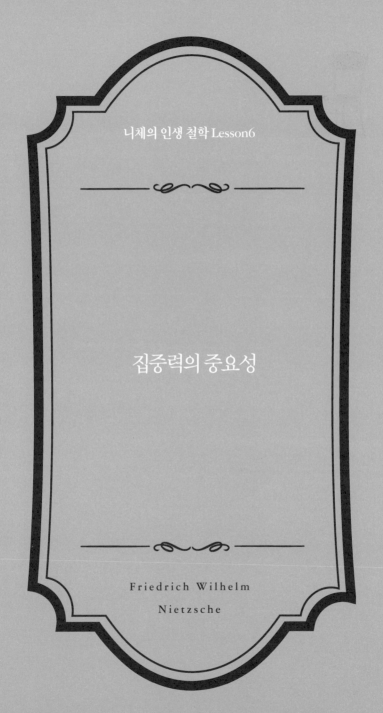

니체의 인생 철학 Lesson6

집중력의 중요성

Friedrich Wilhelm

Nietzsche

지식의 문, 재산의 문, 명예의 문, 건강의 문, 행복의 문을 한꺼번에 열 수 있는 만능열쇠가 있을까? 우리는 그런 신비한 열쇠는 없다고 생각한다. 하지만 성공한 사람들의 인생을 보면 그들이 만능열쇠를 찾았음을 알 수 있다. 그것은 바로 집중력이다. 사람은 무언가에 몰입할 때 가장 효율적으로 움직여 성공과 건강, 행복을 거머쥔다.

· 몰입과 집중이 성공을 만든다 ·

Friedrich Wilhelm Nietzsche

살다 보면 유난히 능력이 뛰어난 사람을 만나기도 한다. 그들은 가령 머리가 유달리 좋거나 기억력이 월등하거나 사람의 마음을 사로잡는 말재주가 좋다. 이상하게도 사람들은 자신보다 약간 더 뛰어난 사람에게는 질투심을 느끼지만 월등히 뛰어난 사람에게는 그렇지 않다. 오히려 이들에게는 존경심이나 호기심을 보인다.

왜 그런 걸까? 니체는 그 원인을 이렇게 분석했다.

사람들은 천재에게는 질투를 느끼지 않는다. 왜 그럴까? 일반적으로 천재의 등장은 기적 같은 일이라고 생각하기 때문이다. 즉 천재는 일반인이 범접할 수 없는 사람이라고 여긴다. 괴테가 "하늘의 별들과 경쟁하려는 욕망이 없듯이"라고 했던 것처럼 말이다.

그러나 재능이 뛰어난 천재도 부지런히 노력해야 훌륭한 작품을 창조할 수 있다. 결국 천재는 기적이 아니라 일반인이 상상하지 못하는 그들의 집중력과 노력의 '일상'일 뿐이다.

니체는 세상에 기적은 없으며 우리가 기적이라 말하는 것은 대부분 일반인의 이해 범위를 벗어난 것에 불과하다고 말했다. 정말로 기적이 존재하지 않는다면 천재의 등장에 그리 신기해할 필요는 없다.

예를 들어 어느 학생이 수학을 유달리 잘한다면 그것은 그 학생이 수학을 좋아하거나 수학공부에 많은 시간을 할애했기 때문이다. 덕분에 그 학생은 다른 학생들이 어려운 문제 앞에서 자신감을 잃고 쉽게 포기하는 것과 달리 자신 있게 문제를 풀어간다. 이 학생이 지속적으로 노력할 경우 나중에 수학천재로 불릴 수 있다.

여하튼 세상에 일반인과 달리 비범한 재능을 갖춘 천재가 존재한다는 사실은 부인할 수 없다. 특히 천재는 예술 분야에 많이 등장한다. 가령 모차르트와 멘델스존은 모두 10대 시절에 세계적인 걸

작을 만들었다. 이들이 어린 나이에 세계적인 걸작을 만든 것은 천부적 재능이 있었기 때문이다.

천부적 재능이 있어도 이를 발굴하지 못하면 성공할 수 없다. 만약 멘델스존이 중국 농촌에서 태어났다면 평생 악보도 볼 줄 모르고 작곡도 하지 못했을 것이다. 또한 천부적 재능을 발굴해 음악을 배워도 노력하지 않을 경우 훌륭한 음악가가 되기는 어려운 일이다. 음악, 문학, 그림 등 예술 분야에서 천부적 재능이 있었음에도 불구하고 열악한 가정환경이나 노력 부족 등으로 재능을 꽃피우지 못한 사람이 얼마나 많을지 생각해본 적이 있는가!

이 모든 내용은 집중력의 중요성을 잘 보여준다.

천부적인 수학 천재는 자신이 좋아하는 수학을 집중해서 배울 경우 훌륭한 수학자가 될 수 있다. 그러나 어느 순간 집중력을 잃고 다른 데 빠져버리면 좋은 수학자가 되기 어렵다.

수학, 음악, 문학 등 어느 분야에서 특출한 업적을 남긴 천재는 대개 몰입해서 오랫동안 자기 분야를 공부했다. 이와 마찬가지로 평범한 사람도 자신이 좋아하거나 잘하고 싶은 분야에 모든 시간과 에너지를 집중해 몰입하면 성공할 수 있다. 천부적 재능이 있는 천재든 평범한 사람이든 집중력은 성공의 기초다.

· 집중은 심리적인 불안을 없애준다 ·

Friedrich Wilhelm Nietzsche

중국 안후이성安徽省 완베이皖北 지역에는 "이발하면 사흘간 못
생겨진다"라는 말이 있다. 덥수룩한 머리카락을 정리하면 보기 좋
을 텐데 왜 사흘간 못생겨진다고 하는 걸까? 사실 여기서 '못생겨진
다'는 말은 보기 싫다는 뜻이 아니라 이발한 뒤 주변의 시선을 느끼
면서 자신감을 잃고 위축된다는 의미다.

중학생 시절 나도 이런 기분을 느낀 적이 있다. 이발한 뒤 교실에 들어갈 때마다 나는 반 친구들이 모두 나를 보고 비웃는 듯한 느낌이었다. 그래서 부끄러운 마음에 고개를 푹 숙이고 교실에 들어간 뒤 친구들의 관심을 받지 않기 위해 잔뜩 긴장한 채 웅크리고 있었다.

이발한 뒤 주변 사람들의 시선에 긴장하는 것은 아무도 기억하지 못할 사소한 일에 지나지 않는다. 반면 올림픽이나 세계대회에 나간 선수들이 긴장해서 돌이킬 수 없는 실수를 하면 두고두고 사람들의 입에 오르내린다. 가령 실력 있는 선수가 올림픽에서 너무 긴장한 나머지 실수해 메달 획득에 실패하거나 방송 진행자가 긴장감을 떨치지 못하고 두서없이 진행하면 온갖 비난을 받는다.

> 강인한 사람은 주목받는 일을 잘해낸다. 이런 사람들은 어떤 일에도 그리 놀라지 않는다.
> 그들은 당황하거나 두려워하지 않고 허둥지둥 행동하거나 초조한 표정으로 불안해하지도 않는다.

니체가 분석한 내용은 상당히 정확하다. 지나치게 긴장한 선수는 경기에 제대로 집중하지 못한다. 선수가 자기 능력을 모두 발휘하려면 경기 결과나 메달에 신경 쓰지 않고 과정을 즐기면서 눈앞의 경기에만 집중해야 한다. 이는 운동경기나 방송 진행은 물론 다른 일에서도 마찬가지다.

심리적 불안을 해소하는 방법은 간단하다. 니체의 말대로 집중하는 것만으로도 긴장감과 불안감을 어느 정도 해소할 수 있다.

중학교 시절 한번은 이발한 다음 날 교실에 들어서자마자 선생님이 갑자기 시험지를 나눠주었다. 느닷없이 시험지를 받아든 나는 문제를 푸는 데 집중하느라 내가 이발을 했다는 사실조차 잊어버렸다. 시험에 집중하면서 이발하고 난 후의 어색함과 긴장감을 느끼지 않은 것이다.

집중은 부정적 감정을 해소하는 데 도움을 준다. 이후로 나는 부정적 감정이 생길 때마다 집중할 만한 일을 찾는다. 한동안 집중하고 나면 나를 지배하던 부정적인 감정은 슬그머니 사라져버린다.

· 집중은 타인의 시선으로부터
평정심을 유지시켜준다 ·

Friedrich Wilhelm Nietzsche

　　어느 초등학교에 여자아이의 민감한 감정을 자극해 놀리기를 좋
아하는 장난기 많은 남자아이가 있었다. 하루는 한 여자아이가 교
실에서 피아노를 치고 있었는데 그 소리가 듣기 좋았던지 평소에
장난을 많이 치던 남자아이는 뒤에서 가만히 바라보고 있었다.

　　남자아이의 시선을 의식하지 못한 여자아이는 능숙하게 피아노
를 연주했다. 그러던 어느 순간 남자아이가 자신을 바라보고 있음

을 알아챈 여자아이는 얼굴을 붉히면서 동요했다. 결국 자신을 계속 바라보는 남자아이의 시선을 이기지 못한 여자아이는 피아노 연주를 멈추고 밖으로 나가버렸다.

이처럼 여자아이가 마음이 흔들린 이유는 평정심이 무너졌기 때문이다. 대개 갑자기 환경이 바뀌거나 타인을 의식하면 평정심이 무너진다. 예를 들어 평소 집에서 잘하던 요리도 중요한 모임에서 하면 실수하고, 혼자 연습할 때는 자신 있게 하던 발표도 여러 사람 앞에서 할 때는 말을 더듬는다.

이처럼 사람들은 평정심을 잃을 때 실수를 한다. 과연 평정심을 유지하는 방법은 무엇일까? 니체의 말을 들어보자.

무슨 일을 하든 온 힘을 기울여 집중해야 한다.
그렇게 하는 이유는 기대하는 결과를 얻기 위해서가 아니라 자신을 중시하기 때문이다.

니체는 평정심을 유지하기 위해 '온 힘을 기울여 집중'하라고 말했다. 무대에서 공연할 때 관객의 반응이나 '공연을 망치면 어쩌나' 하는 생각을 하면 평정심을 잃어 진짜로 공연을 망치고 만다. 이때 평정심을 유지하는 방법은 다음에 해야 할 대사와 동작에만 집중하는 것이다. 온 힘을 기울여 공연에만 집중할 경우 긴장감이 풀어지면서 점차 공연 자체를 즐길 수 있다.

　물론 집중할 필요가 없을 때도 있다. 예를 들어 중요한 모임에 참석했는데 가만히 앉아 먹는 것 말고 달리 할 게 없다면 어떻게 해야 할까? 이럴 때는 자발적으로 집중할 거리를 찾아야 한다. 만약 주변 사람들의 시선이 부담스러울 경우 오히려 자신이 다른 사람들을 주의 깊게 관찰할 수 있다. 이때 얼굴이 푸석푸석한 사람을 보면 '아내와 싸워 잠을 설쳤나, 아니면 밤새도록 게임을 했나?' 하는 생각이 든다. 이처럼 주위 사람들을 관찰하는 데 집중하면 타인의 시선이 느껴지지 않으면서 평정심을 되찾는다.

　다른 사람과 대화하는 것도 하나의 방법이다. 서로의 관심사를 주고받다 보면 어느새 마음이 편안해지면서 평정심을 찾는다.

· 한 가지 일에 집중할 때 성공할 수 있다 ·

Friedrich Wilhelm Nietzsche

어려서부터 독서를 좋아한 에디슨은 어느 날 도서관에 있는 책을 모두 읽겠다고 다짐했다. 그 다짐을 지키기 위해 그가 열심히 책을 읽자 누군가가 도서관에는 책이 무척 많고 매년 새로운 책이 들어오므로 다 읽을 수 없으며 도서관의 책을 다 읽는 것은 시간낭비라고 말했다. 그러면서 한 분야를 선택해 집중하는 것이 더 낫다고 충고했다. 충고를 받아들인 에디슨은 자신이 좋아하는 자연과학

분야에 집중했고, 훗날 세계적인 발명가로 성장했다.

사실 한 사람이 모든 분야를 통달하는 것은 불가능하다. 에디슨 이야기는 우리가 한 분야를 선택해 집중하는 것이 효율적이라는 것을 알려준다. 니체도 다음과 같이 말했다.

> 세상과 주변에서 발생하는 크고 작은 모든 일에 관심을 기울여서는 안 된다. 그러면 결국 아무것도 남지 않기 때문이다.
> 호기심은 잠재력을 발휘하게 해준다는 점에서 아주 중요하지만, 인생은 매우 짧으므로 모든 걸 경험할 수는 없다. 젊은 시절 자신이 나아갈 방향을 찾아 한 방향으로만 착실히 나아가야 한다.
> 그래야 더 지혜로워져 보다 쉽게 성공할 수 있다.

한 가지 일에 집중하라는 것은 평생 그 일에만 전념하라는 의미이자 죽을 때까지 한 가지 일밖에 할 수 없다는 뜻이기도 하다. 한 가지 일에만 집중하려면 다른 일에 신경 쓰지 않고 집중력을 한 군데로 모아야 한다.

만약 업무관리자가 아침에 회의를 하면서 오후에 만날 고객이나 저녁에 있을 생일파티에 신경 쓴다면 일을 그르치거나 평정심이 흐트러질 수 있다. 공부할 때도 마찬가지다. 영어단어를 외우면서 수학문제 풀이나 내일 있을 국어시험을 생각할 경우 집중력이 떨어져 잘 외워지지 않는다.

　'한 가지 일에만 집중하는 것'은 쉴 때도 활용할 수 있다. 휴식을 취하기로 했으면 긴장을 풀고 노는 데만 집중해야지 업무나 잡다한 일을 생각해서는 안 된다. 일단 스트레스를 풀어야 다시 일할 때 일 처리가 효율적이다. 놀면서 일을 생각하거나 일하면서 놀 생각을 하면 마음이 조급해지고 불안해져 이도저도 아닌 상황에 놓이고 만다.

· 결과에 집착하는 긴장감을 내려놓아라 ·

Friedrich Wilhelm Nietzsche

자기 일에 너무 큰 기대를 하면 마음이 불안해진다. 예컨대 중요한 회의에서 고위임원의 눈에 들어 승진하고 싶다는 기대가 크면 긴장해서 일에 집중하기 어렵다. 과도한 긴장감에 휩싸일 경우 무얼 해도 손에 잡히지 않고 잠도 설치고 만다.

강렬한 기대는 오히려 중요한 회의를 망치게 만든다. 가령 자신의 기대를 충족하려는 생각에 긴장해서 말을 제대로 못하거나 질문에 순발력 있게 대응하지 못한다. 이때 우리의 이성은 긴장하면 일을 망친다고 알려준다. 이성은 긴장감을 억제하고 침착함을 되찾으려 하지만 늘 강력한 긴장감이 이성을 압도해버린다. 이성이 패배하고 긴장감이 승리할 때가 바로 일을 망치는 순간이다.

일을 망치는 이유는 결과에 너무 집착해서다. 물론 직장인에게는 회의가 무척 중요하다. 운동선수에게 노력의 결실을 얻는 경기가 중요하고 연기자에게 재능을 증명할 공연이 중요하듯 직장인에게는 회의가 중요하다. 아무튼 분명한 사실은 결과에 지나치게 신경 쓰면 정작 일에 집중하지 못해 원하는 결과를 얻을 수 없다는 점이다.

> 인생은 짧다. 검은 죽음은 심지어 저녁 무렵 갑자기 찾아오기도 한다.
> 무얼 하든 기회는 지금뿐이다.
> 우리는 한정된 시간에 무언가를 이뤄야 하고 또 어쩔 수 없이 무언가를 버리고 포기할 수밖에 없다.

결과가 아무리 중요해도 여기에 구애받지 않아야 한다. 결과를 부정적으로 생각하거나 기대하는 것 자체를 아예 하지 않는 것이 좋다.

중요한 회의를 준비하면서 긴장감이 느껴진다면 마음속으로 '괜찮아'라고 말해보자. 회의 중에 고위임원이 별다른 반응을 보이지 않아 초조해도 '괜찮아'라고 생각하자. 결과에 초연하면 긴장감이 사라지면서 침착해지고 준비한 것을 자유자재로 구사하며 재능을 마음껏 드러낼 수 있다. 이런 경험을 해보면 자신이 바라던 결과가 사실은 손만 뻗으면 닿는 곳에 있었음을 깨닫는다.

내려놓으면 더 많은 것을 얻을 수 있다. 설사 기대하던 결과를 얻지 못해도 즐겁게 자신의 재능을 뽐내는 것이 긴장해서 일을 망치는 것보다 낫지 않을까?

· 두뇌 피로를 해소하는 가장 좋은 방법 ·

Friedrich Wilhelm Nietzsche

오랜 시간 한 가지 일에 매달리면 피곤해지게 마련이다. 피곤은
어떤 결과를 불러올까? 니체는 이렇게 말했다.

피곤은 당신을 위험에 빠뜨리고 당신의 힘을 약화한다.
심하게 피곤할 때는 쉬운 일도 실패하기 십상이고 별것 아닌 일로도
크게 스트레스를 받는다.

또 피곤은 감정을 연약하게 하거나 판단력을 흐릿하게 만든다.

피곤하거나 집중력이 떨어지면 억지로 일을 계속하지 말고 휴식을 취해야 한다. 쉬는 방법에는 여러 가지가 있으므로 자신에게 적합한 휴식 방법을 선택할 필요가 있다.

만약 출근해서 몇 시간 동안 줄곧 컴퓨터 앞에 앉아 있으면 머리가 멍해진다. 이때 대놓고 휴식을 취하기는 어려우므로 화장실에 가는 척하면서 복도 창문으로 풍경을 감상해보자. 가벼운 잡지를 읽거나 업무를 논의하는 척하면서 동료와 잠시 대화하는 것도 좋다. 의자에 기대 눈을 감고 심호흡을 하는 것도 괜찮은 방법이다. 이처럼 간단히 휴식만 취해도 업무로 생긴 스트레스를 풀고 머리를 식힐 수 있다.

만약 회사에 직원용 운동기구가 있으면 몸을 움직이면서 머리를 식히는 것도 좋다. 운동을 해서 땀을 흘리면 지쳐 있던 머리를 일깨울 수 있다.

특히 IT나 편집 같이 고도의 집중력을 요하는 직업에 종사하는 사람은 너무 피곤해서 퇴근한 뒤 아무것도 하지 않으려고 한다. 대개는 소파에 누워 TV를 보다가 잠자리에 드는데 이건 좋은 방법이 아니다. 피곤한 것이 몸이 아니라 머리이기 때문이다.

일부는 두뇌 휴식을 위해 차를 마시거나 책을 읽거나 명상을 하지만 이런 방법은 그리 효과적이지 않다. 사실 두뇌 피로를 해소하는 가장 좋은 방법은 운동이다. 두뇌는 산소가 부족할 때 피로를 느낀다. 그러므로 산책, 조깅, 수영 같은 유산소운동이 훨씬 더 도움을 준다.

퇴근한 뒤 가볍게 유산소운동을 해보자. 운동은 두뇌의 피로를 없애주고 숙면에도 도움을 준다. 숙면하면 다음 날 업무에 더 집중할 수 있고 효율도 높아진다.

· 집중력을 위해 평화로움을 갖는 방법 ·

Friedrich Wilhelm Nietzsche

다른 일에 집중하는 것도 두뇌 피로를 해소하는 데 도움을 준다. 장시간의 공부나 업무 때문에 피곤할 때 음악 감상처럼 다른 일에 집중할 경우 두뇌 피로를 줄일 수 있다.

음악이 즐거움을 주는 이유는 혼잡한 세상일을 처리하느라 분주하게 움직이는 육체에서 벗어나게 해주기 때문이다. 음악은 현실의 속박에서 영혼을 끄집어내 멀리서 현실 속 자신을 바라보게 한다. 아무것도 하지 않고 평온함 속에 잠잠히 있어 보라. 고요함 속에서 영혼으로 듣는 음악은 오로지 자신만을 위한 연주와 속삭임을 듣는 것과 같다.

니체의 말에 따르면 음악은 현실의 속박에서 우리의 영혼을 끄집어낸다. 음악이 머리를 점거하고 주의력을 통치한다는 얘기다. 이처럼 음악에 집중하는 것은 공부나 업무에 집중하는 것과는 차원이 다르다. 음악 감상은 공부나 업무로 지친 두뇌를 쉬게 한다. 그렇게 해서 머리가 가벼워질 경우 다시 일에 집중해 효율을 높일 수 있다.

음악 감상 외에 그림, 시, 장식품 등에 몇 분 동안 집중하는 것도 좋은 방법이다. 집중해서 무언가를 감상하다 보면 긴장감, 초조함, 우울함, 공포 등 부정적 감정이 사라지고 마음이 평화로워진다. 그러면 자신도 모르게 호흡이 안정되고 머리가 가벼워지면서 하기 싫던 일도 쉽게 해낼 수 있다.

구체적인 사물과 작품 없이 상상으로도 집중력을 전환할 수 있다. 예를 들면 즐겁고 행복했던 추억, 소중한 사람과 나눈 대화를 떠올려본다. 기억에 남는 소설 속 구절, 영화 속의 아름다운 장면, 드라마의 명대사를 떠올리는 것도 좋다. 아니면 머릿속으로 문장,

그림, 노래를 구상해볼 수도 있다. 쓰고 싶은 내용을 생각해보거나 문장력을 높일 방법을 고민해보는 것이다.

　이런 집중은 오래 할 필요가 없다. 일반적으로 몇 분이면 충분하다. 피로가 웬만큼 풀렸다는 생각이 들면 심호흡을 깊이 한 뒤 본래의 공부나 업무에 집중한다.

·하루 15분, 가장 중요한 시간·

Friedrich Wilhelm Nietzsche

승려나 수행하는 사람은 명상과 사색으로 내면 깊숙이 들어가는 것을 중요시한다. 이는 심리적으로 아무런 방해도 받지 않는 상태다. 이때 번잡스러운 일에 구속받지 않고 긴장, 분노, 걱정 같은 감정의 영향도 받지 않는다. 몸과 정신이 평온하고 예리해져 외부 세계의 변화를 민감하게 감지하기도 한다. 이것이 승려와 수행하는 사람이 추구하는 가장 높은 경지다.

보통 사람이 이러한 상태를 경험하는 것은 불가능하다. 그러나 완전하게 도달하지는 못해도 부분적으로 경험해볼 수는 있으니 실망할 필요는 없다. 하루의 바쁜 일상을 시작하기 전인 이른 새벽에 눈을 떴을 때 이상하리만치 평온했던 적이 있는가? 바로 그때가 가장 중요한 시간이다.

만약 하루를 좋게 시작하고 싶다면 눈을 뜬 뒤 생각을 하라.

니체의 말처럼 매일 새벽 눈을 뜬 뒤 15분 동안 생각을 해보자. 15분은 하루의 1퍼센트 정도에 불과하다. 그런데 이 15분을 알차게 활용할 경우 나머지 99퍼센트의 시간을 바꿔놓을 수 있다.

이때 무얼 생각해야 할까? 자기 인생을 생각한다. 내 인생의 사명은 무엇인가? 내가 얻고 싶은 것은 무엇인가? 내가 어제 한 행동은 내 사명에 적합한가?

그 밖에도 오늘 무엇을 할 것인가, 오늘 일과를 어떤 순서로 진행할 것인가, 오늘 일을 어떤 방법으로 할 것인가 등 오늘 일어날 일을 생각해보고 예기치 않게 발생할 수도 있는 일에 대비해 미리 계획을 세운다.

생각을 하면 앞으로 나아갈 길을 정확히 찾을 수 있다. 준비하지 않은 상태로 일을 진행하다가 갑작스런 상황에 놓이게 되면 당황하지만, 미리미리 생각해둘 경우에는 돌발적인 상황에서도 혼란을 최소화하며 대응해나갈 수 있다. 준비된 사람은 갑작스런 상황에서도 긴장하거나 두려워하지 않고 일을 침착하게 진행한다.

· 고독한 시간의 보상, 집중의 효과 ·

Friedrich Wilhelm Nietzsche

"남자가 가장 매력적인 순간은 언제일까?"

이 질문에 대다수 여성이 일에 집중하고 있을 때라고 대답한다.

어째서일까? 일에 집중하는 남성은 공포, 걱정, 무기력함, 무절제함 같은 부정적인 모습 없이 긍정적이고 활기찬 에너지를 내뿜기 때문이다. 집중력이 높아지면 마치 시간이 정지한 듯 주위의 다른 것은 느끼지 못한다.

걱정이 엄습할 때 익숙한 일에 집중하면 현실 문제에 따른 압박과 걱정을 피할 수 있다. 이런 방법으로 고통을 피한다고 연이은 실패에 따른 괴로운 상황이 나아지는 것은 아니지만, 자기 마음을 너무 괴롭힐 필요는 없다.

일에 몰두함으로써 짓누르는 걱정을 피하다 보면 상황이 변할 수도 있다.

니체는 '익숙한 일에 집중' 하면 걱정, 긴장 같은 부정적인 감정을 피하고 상황을 극복하는 데 이롭다고 말하고 있다. 집중은 우리가 부정적 감정의 공격을 피하도록 도와준다. 집중할 경우 마치 고독한 검객이 조용한 숲에서 홀로 검술을 연마하는 것 같은 상태에 놓인다. 검객은 시간, 세상 그리고 자기 자신마저 잊은 채 쥐고 있는 검에만 정신을 온전히 집중한다.

이 같은 집중 상태에 이르는 방법은 무엇일까? 심리학자들은 개인의 능력과 업무 난이도가 비슷할 때 이러한 집중력을 발휘한다고 말한다. 즉 업무가 너무 어렵거나 쉬우면 집중하기 곤란하다. 아쉽게도 현실에서 스스로 업무를 선택하는 것은 쉽지 않은 일이다. 직장생활을 하다 보면 때론 하기 싫은 일도 맡게 마련이다. 자기 능력에 맞는 일만 선택할 수 있는 사람은 드물다.

그렇다고 해결 방법이 전혀 없는 것은 아니다. 먼저 쉬운 일을 할 때는 목표를 높여 집중력을 모은다. 가령 1시간에 상품 10개를 만들어야 한다면 목표를 15개로 높인다. 이 경우 목표 달성을 위해 저절로 집중하게 된다. 반대로 어려운 일을 할 때는 속도를 조절한다. 일을 천천히 진행하면서 난관을 해결하는 과정 자체를 즐기면 일에 충분히 집중할 수 있다.

· 몰입의 중요성 ·

Friedrich Wilhelm Nietzsche

사람은 하루 종일 집중할 수 없고 집중력을 지속하는 시간은 아주 짧다. 실은 몇 시간 동안 집중하는 것도 대단한 일이다. 오랫동안 밤낮없이 계속 집중할 수는 없을까? 그 방법을 니체의 말에서 찾아보자.

'심취'는 예술 탄생의 필수 조건이다. 창작자가 심취하지 못하면 진정한 예술은 탄생할 수 없다.

예술가는 자기 일에 심취해 몰입한다. 어느 유명 작가는 10여 년간 쉬지 않고 밤낮없이 글을 썼다. 심지어 그는 볼일을 보거나 잠을 잘 때도 문장이 생각나면 그 자리에서 바로 메모했다. 누군가가 그에게 가장 싫어하는 일이 무엇이냐고 묻자 그는 이렇게 대답했다.

"글의 흐름을 끊는 사람을 향해 억지로 웃는 것이오."

음악가, 무용가, 연기자 등 자기 일에 열정을 다해 몰입하는 사람은 일이 좋아 사랑 · 결혼 · 가정까지 포기한다. 이들은 노쇠하거나 심각한 병에 걸려 고통스러운 상황에서도 없는 기력까지 짜내 자기 일에 몰입한다.

다른 분야에도 열정을 다해 몰입하는 사람이 아주 많다. 자기 일에 몰입한 미국의 자동차왕 헨리 포드는 이렇게 말한 바 있다.

"내게 시간은 얼마든지 있다. 하루 종일 직장을 떠나지 않기 때문이다. 나는 사람은 일을 떠나서는 안 되고 변덕을 부려서도 안 된다고 생각한다. 심지어 꿈을 꿀 때도 일을 생각해야 한다."

물론 열정적으로 몰입하는 사람 중에는 돈, 성욕, 명예, 권력의 욕망에 사로잡힌 사람도 있다. 책임감에 단단히 사로잡힌 사람도 있고 과거에 저지른 잘못을 속죄하고자 그러는 사람도 있다. 그렇지만 대개는 그저 자기 일이 좋아서 몰입하며 이들은 그 일에서 성취감과 즐거움을 찾고 편안함을 느낀다.

이들이 일을 하느라 시간, 청춘, 건강, 사랑을 내던지는 것은 그것이 중요치 않아서가 아니다. 단지 일에서 더 큰 즐거움을 느끼기 때문이다.

무언가에 몰입하는 사람은 대개 큰 성공을 거두지만 그들의 인생이 아름답기만 한 것은 아니다. 그래서 나는 열정을 다해 몰입하라고 말하고 싶진 않다. 다만 다음 두 가지를 알려주고 싶을 뿐이다.

첫째, 무언가에 열정적으로 몰입하는 사람은 그 일을 할 때 편안함과 행복감을 느낀다는 사실을 이해하고 존중해주자. 둘째, 자신이 어떤 일에서 몰입감을 느낀다면 기쁜 마음으로 그 소중한 순간을 즐기자.

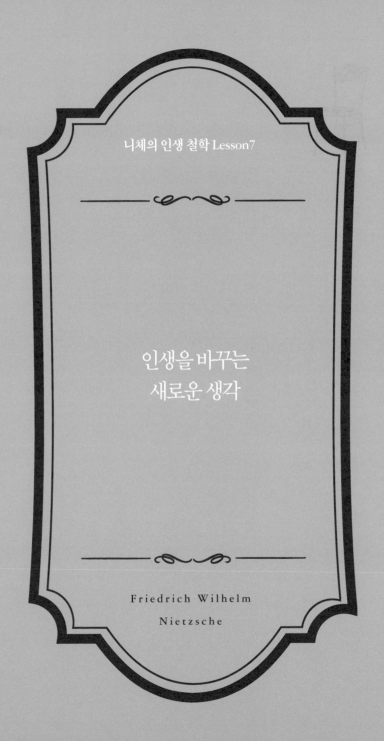

니체의 인생 철학 Lesson7

인생을 바꾸는
새로운 생각

Friedrich Wilhelm

Nietzsche

　　지금까지 인류는 계속해서 혁신하고 새로운 것을 개발해왔다. 인류의 발전은 혁신적인 아이디어를 낸 사람들과 그들이 만들어낸 성과로 이뤄졌다고 해도 과언이 아니다. 이는 세계시장 변화만 봐도 알 수 있다. 혁신적인 아이디어로 새로운 것을 제시하는 사람은 급속도로 성장하지만, 현실에 안주해 혁신을 놓친 사람은 예전의 영광이 얼마나 컸든 도태되고 만다. 그 대표적인 사례로 스티브 잡스가 아이폰을 개발해 노키아 휴대전화의 아성을 무너뜨린 일이 있다.

· 혁신이란 무엇인가? ·

Friedrich Wilhelm Nietzsche

과연 혁신은 무엇을 의미하는 걸까? 어떤 사람을 '독창성 있는
사람'이라고 부르는 걸까?

기이한 행동으로 대중의 시선을 끄는 사람이 독창성 있는 사람은 아
니다. 단지 그는 대중의 주목을 받기 위해 그렇게 행동할 뿐이다.
독창성 있는 사람에게는 분명한 특징이 있다. 그는 신비하게도 사람

들이 눈앞에 두고도 못 보거나 이름조차 없는 것을 발견한다. 더구나
그는 그것에 새로운 이름을 붙인다.
사람들은 새로운 이름이 생긴 뒤에야 그 존재를 발견하며 이로써 세
상에 새로운 부분이 탄생한다.

독창성 있는 사람을 '사람들이 눈앞에 두고도 못 보거나 이름조
차 없는 것을 발견하는 사람'이라고 이해한 니체의 주장에는 넓은
의미가 담겨 있다. 뉴턴은 사과가 떨어지는 모습을 보고 '만유인력
의 법칙'을 발견했다. 바로 이것이 니체가 말한 혁신이다. 이 같은
혁신은 과학에 국한되지 않으며 범위가 넓다.

일상생활에서 복잡한 일을 단순하게 만들어 기존에 1시간 걸리
던 것을 30분으로 단축하면 이것 역시 혁신이다. 판매가 부진한 상
품을 새롭게 포장하거나 광고하는 것 혹은 끼워 팔아 판매율을 높
이는 것도 혁신이다. 과다하게 지출하는 가정에 합리적인 소비 방
식을 제안해 삶의 질을 높여주는 것도 혁신이다.

한마디로 문제를 해결하거나 개선하는 데 도움을 주는 방법은
모두 혁신이다. 이러한 혁신은 누구나 할 수 있다. 항상 새로운 아
이디어를 궁리하고 주변의 문제를 관찰해 해결 방법을 생각해내면
누구나 독창성을 갖출 수 있다.

· 혁신은 진보의 원천이다 ·

Friedrich Wilhelm Nietzsche

현대인의 삶의 질은 과거에 비해 현격히 좋아졌다. 과거에는 굶주리는 게 일상이었고 맹수의 공격이나 질병으로 목숨을 잃는 일도 허다했다. 이제는 굶주림이나 추위로 죽는 일이 거의 없고 맹수의 위협도 받지 않는다. 의료기술 발달로 질병에 걸려도 쉽게 죽지 않는다. 또 과거에는 힘겹게 걸어서 이동했지만 지금은 자동차, 배, 기차, 비행기 같은 교통수단을 이용해 편리하고 쉽게 이동한다.

이 모든 발전은 인류가 혁신을 거듭한 끝에 얻은 결실이다. 혁신을 떠나서는 진보할 수 없다. 이것은 개인과 기업의 발전도 마찬가지다.

> 상당히 보수적인 어느 마을 사람들이 조상이 정한 규범, 종교, 생활을 그대로 고수하며 살아갔다. 그들은 고집스럽게 과거의 관습을 유지했고 외부 세계를 전혀 이해하지 못했다. 그들의 생각은 내면의 작은 세계에 갇혀 갈수록 더욱 완고해졌으며 마을은 고립되어갔다. 결국 마을 사람들이 늙으면서 그 마을은 멸망하고 말았다.
>
> 마을뿐 아니라 개인도 변화하는 세상에 맞춰 자기 수준을 높이고 혁신하지 않으면 삶은 절대 나아지지 않는다.

과학기술이 빠르게 발전하는 오늘날 혁신하지 않으면 성공할 수 없다. 대표적인 예로 일반 펀드회사였던 톈훙天弘은 알리바바와 합작해 위어바오余額寶를 출시하면서 몇 개월 만에 중국 최대 펀드회사로 성장했다. 반면 시대 흐름을 따라가지 못한 기존 펀드회사들은 펀드시장의 호황 속에서도 점차 규모가 줄어들었다. 오늘날 혁신은 개인과 기업 모두에게 필수적이다. 기업은 끊임없이 혁신해야 경쟁사에 추월당하지 않는 것은 물론 성장이 가능하다. 개인 역시 지속적으로 혁신해야 자기 가치를 증명해 인정받을 수 있다.

·죽음을 감수할 용기·

Friedrich Wilhelm Nietzsche

오래전 남아메리카 숲에 새빨간 열매가 주렁주렁 열렸다. 사람
들은 붉은빛이 선명한 그 열매에 '늑대 복숭아'라는 이름을 붙이고
먹을 엄두를 내지 못했다.

16세기 영국의 한 공작이 늑대 복숭아를 영국으로 가져와 엘리
자베스 여왕에게 선물했다. 그 붉은빛을 꺼린 영국 사람들은 막연
히 늑대 복숭아에 독이 있다고 생각해 관상용으로만 심을 뿐 먹지

는 않았다.

18세기 프랑스의 어느 화가는 유혹을 견디지 못하고 늑대 복숭아를 먹었다. 자신이 죽을지도 모른다고 생각한 그는 침대에 누워 공포와 긴장감 속에서 죽음을 기다렸다. 그런데 어찌된 일인지 12시간이 지나도 그에게는 아무 일도 일어나지 않았다. 이 소문이 퍼지자 사람들은 너도나도 늑대 복숭아를 먹기 시작했다. 그 늑대 복숭아의 다른 이름은 토마토다.

어쩌면 인류가 토마토를 두려워해 몇천 년 동안 먹지 못했다는 사실에 실소를 터트릴지도 모른다. 하지만 이 이야기는 인류의 공통적인 모습을 반영한다.

인류는 새로운 사물을 이해하려 하지 않으며 제대로 이해하지도 못한다. 왜냐하면 인류는 기본적으로 새로운 사물을 두려워하기 때문이다.

인류는 공통적으로 '모르는 것'을 두려워한다. 사람들은 보통 두려움을 느끼면 이해하거나 경험하려 하지 않는다. 그러나 이를 이해하고 경험하려는 사람만 성공해 새로운 역사를 만들 수 있다.

물론 과학과 의학이 발전하지 않았던 시기에 토마토처럼 모르는 것을 먹는 건 위험한 일이었다. 인류가 새로운 것에 두려움을 느낀 심정도 어느 정도는 이해가 간다. 그렇지만 과학기술 발달로 계속

해서 새로운 것이 등장하는 지금은 이런 태도를 버릴 필요가 있다.

오늘날 새로운 것을 받아들이지 못하면 결국 뒤처질 수밖에 없다. 더욱이 새로운 영역에는 많은 기회가 숨어 있으므로 적극 노력해 좋은 기회를 찾아야 한다. 한때 인터넷에 "죽을 짓을 하지 않으면 죽지 않는다"는 말이 유행했다. 나는 혁신을 강조하는 뜻에서 이 말을 이렇게 고쳐보고 싶다.

"죽을 짓을 하지 않으면 성공할 수 없다!"

· 혁신을 실행하려면
고독의 시간이 필요하다 ·

Friedrich Wilhelm Nietzsche

혁신에는 시도해보는 용기가 필요하다. 또한 강인한 의지도 있
어야 한다. 혁신 과정이 길고 그 과정에는 여러 난관이 있기 때문이
다. 물론 그 난관이 꼭 나쁜 것만은 아니다.

난관은 우연한 요소나 기회에서 오며 그것이 없으면 노력은 결
실을 맺지 못한다.

지독한 감기를 앓던 영국 세균학자 알렉산더 플레밍Alexander

니체의 인생 철학 Lesson7

Fleming은 어느 날 실수로 균이 가득한 배양접시에 콧물을 흘리고 말았다. 그런데 나중에 확인해보니 배양접시에 있던 균이 죽어 있었다. 플레밍은 이 일을 계기로 면역단백질 라이소자임을 발견했다.

또 한 번은 플레밍이 휴가를 가면서 깜빡 잊고 배양접시를 배양기에 넣지 않았다. 휴가에서 돌아온 그는 배양접시에 핀 푸른곰팡이가 포도상구균을 죽인다는 사실을 발견했고 이로써 페니실린을 발명했다.

이처럼 플레밍은 우연한 계기로 두 차례에 걸쳐 획기적인 발명을 했다. 그처럼 우연한 요소가 없었다면 그가 인류를 위해 대단한 발명을 할 수 있었을까?

그다음으로 난관은 자신의 주변에서 온다. 사람은 모르는 것을 두려워할 뿐 아니라 근시안적이기 때문이다.

우리는 포기하지 않고 노력해 획기적인 것을 발명한 사람을 위대하다고 칭송한다. 그러나 성공하기 전까지는 그렇지 않다. 사람들은 홀로 자기 아이디어에 매달려 노력하는 사람에게 관대하지 않다. 오히려 어리석다고 비웃으며 심지어 비난하고 배척한다.

가령 오랜 시간을 들여 연구하고도 성공하지 못하면 부모, 배우자, 주변인 모두 쓸모없는 짓을 하며 시간을 낭비한다고 질책한다. 기회를 만나지 못해 실패만 거듭하는 사람에게 돌아오는 것은 주변의 비웃음뿐이다. 이는 혁신의 길을 가는 사람에게 커다란 압박으로 다가온다. 니체는 다음과 같이 말했다.

> 자기 방식대로 살아가야 한다. 매 순간 그 방식을 따라야 한다.
> 영원히 자기 방식대로 살아갈지라도 움츠러들지 말고 즐겨야 한다.

지금 혁신의 길을 걸어가려 한다면 자기 방식대로 살아갈 준비를 해야 한다. 주변 사람들의 비웃음과 비난이 참기 힘들다면 '자신의 사랑, 창조력과 함께 고독 속으로 걸어 들어가라'는 니체의 말을 기억하자.

많은 위인이 성공하기 전에 고독의 길을 걸었다. 자신의 의지력으로 고통스러운 과정을 이겨내면 빛나는 결실을 얻을 수 있다!

· 자신의 가능성을 믿어라 ·

Friedrich Wilhelm Nietzsche

승려에게 빗을 팔 수 있을까? 이런 질문을 하면 대개는 "머리카락도 없는 승려에게 빗을 판다고?" 하며 오히려 되묻는다. 일반적으로 영업은 고객을 정확히 설정해야 성공 가능성이 높으므로 승려에게 빗을 팔려고 하는 것은 시간낭비라고 여긴다.

하지만 언제나 가능성이 큰 곳은 경쟁이 치열한 법이다. 블루오션을 개척하려면 '불가능'을 설명할 이유를 찾기보다 '가능'을 증명할 방법을 찾아야 한다.

가능하다고 믿고 고민하면 다양한 아이디어가 나온다. 이를테면 승려에게 빗으로 두피를 마사지하면 혈액순환이 좋아져 건강해진다고 설득할 수 있다. 또 절에 빗을 구비해두면 참배하다가 머리가 헝클어진 신도들이 사용할 수 있다는 말도 설득력이 있다. 빗에절의 이름과 '공덕 빗'이라는 문구를 써서 신도들에게 선물로 주면많은 호응을 얻을 거라고 설득하는 방법도 있다.

가능성을 믿고 방법을 고민할 경우 실현 가능한 일을 많이 찾아낼 수 있다. 그러한 인간의 지혜가 인류를 여기까지 도약하도록 만든 것이 아닌가.

> 살다 보면 방황하는 순간, 할 일이 없는 순간, 일상 규칙에서 벗어나
> 어찌할 바를 모르는 순간, 정신적 충격을 받는 순간 등 여러 순간을 맞
> 이한다. 이럴 때는 흔히 어찌할 바를 모르고 굳어버린다.
> 이때 당신의 지혜, 다른 가치관, 사고방식이 굳어버린 당신을 구해줄
> 것이다. 그 순간 인류의 지혜는 자신을 구할 무기다.

지혜는 우리를 구해주지만 이를 위해서는 먼저 가능하다는 신념이 있어야 한다. 일단 난관에 부딪히면 불가능이 아니라 가능을 생각하자. 핑계를 찾지 말고 성공 방법을 찾아보자.

양명학 창시자 왕양명王陽明은 "마음이 굳건하면 즉시 행동해야 한다"는 관점을 유지했다. 큰 뜻을 품고 방향을 명확히 설정하는 사람은 상황에 따라 임기응변으로 대처하며 앞으로 나아간다. 가능하다고 믿고 목표와 방향을 명확히 세울 경우 지혜를 발휘해 문제 해결 방법을 찾을 수 있다.

· 창의적인 사람이 되라 ·

Friedrich Wilhelm Nietzsche

인류 역사상 오늘날처럼 혁신의 역할이 크게 부각된 적은 없었다. 과거에 기업은 오랜 시간 기반을 닦으며 성장했지만 지금은 좋은 아이디어만 있으면 빛의 속도로 성장이 가능하다. 대표적으로 인터넷쇼핑몰 타오바오淘寶는 수억 명의 판매자와 고객이 참여할 수 있는 오픈마켓을 구축해 몇 년 사이 중국 최대 기업으로 성장했다. 웨이보와 위챗도 빠른 시간 내에 급격히 성장한 대표적 사례다.

이런 기조를 이어 미래는 창의적인 인재가 선도할 것이다. 그들은 뛰어난 창의성으로 높은 연봉을 받으며 기업에서 활약하거나 자기 회사를 창업할 수 있다.

창의적인 사람이 되려면 어떻게 해야 할까?

만약 창조하고 싶다면 아이를 관찰하라. 아이가 창조의 비밀을 알려줄 것이다. 창조 과정에서 아이는 기존 생각에 얽매이지 않고 속된 기대를 품지도 않으며 창조에 따른 현실적 보상을 바라지도 않는다.

아이는 다른 사람의 지도가 필요치 않다. 아이는 자신의 두 손으로 자유롭게 창작하고 탐색하면서 그 성공과 실패를 신경 쓰지 않으며 그저 즐길 뿐이다.

아이는 어떤 사물이든 창작 재료로 삼는다. 또 아이는 모든 사물의 본질을 긍정하고 자기 손으로 창조한 것도 긍정한다.

니체는 창조에 필요한 자세를 다음과 같이 설명했다.

첫째, 창조는 많은 이득을 안겨주지만 지나친 기대는 금물이다. 그렇지 않으면 난관에 부딪혔을 때 실망해 포기하고 만다.

둘째, 창조하는 과정을 즐겨야 한다. 과정에서 즐거움을 찾으면 지치지 않고 꾸준히 진행해 보다 쉽게 성과를 거둘 수 있다.

셋째, 창조할 때는 기존의 생각, 고정된 시각, 위인의 관점, 정해진 원칙, 성공한 사람의 조언을 모두 버려야 한다. 이런 것은 창의적인 생각을 가두는 족쇄일 뿐이다. 니체는 모든 가치를 재평가하고 기존의 생각을 그대로 믿지 않아야 하며 믿을지 말지 진지하게 고민해 선택해야 한다고 조언한다.

넷째, 창조 과정에서 자유로운 사고방식으로 생각의 불꽃을 활짝 피워야 한다. 막 생겨난 생각은 미약하고 볼품없게 마련이다. 하지만 포기하지 않고 계속 개선해가면 좋은 생각이 될 수 있다.

· 좋은 생각을 발전시켜 나가라 ·

Friedrich Wilhelm Nietzsche

좋은 생각은 하나의 아이디어로 커질 수도 있지만 연약한 면도 지니고 있다. 개선하고 유지하지 않으면 생각은 시간에 매몰되고 만다.

보석은 연마하지 않으면 빛을 발하지 못한다.

같은 이치로 좋은 생각도 작품으로 만들거나 행동하지 않으면 세상에 드러낼 수 없다. 좋은 생각을 완성하기 위해서는 왕성한 활동력과 강인함으로 끈기 있게 다듬어야 한다.

과연 좋은 생각을 어떻게 다듬어야 할까?

먼저 좋은 생각이 떠오를 때 그것을 곧바로 적어야 한다. 예를 들어 여행할 때 갑자기 좋은 생각이 떠오르기도 하는데 그때 즉각 기록해야 한다. 깊은 밤 침대에 누워 잡생각을 하다가 좋은 생각이 떠오를 때도 마찬가지다. 회의에 참석했다가 문득 좋은 생각이 떠오를 경우에는 메모지나 휴대전화에 기록해둔다.

그 기록들은 정기적으로 재검토해야 한다. 생각을 정리해 파일로 만든 뒤 정기적으로 파일 속 생각을 읽어보고 거기에 가치가 있는지 검토해보는 것이다.

마지막으로 생각을 개선하고 완성한다. 파일을 검토하며 개선하면 좋아질지, 어떤 방식으로 개선할지, 이 생각이 어떤 효과를 낼지 등을 고민하고 개선해간다.

일단 기록하고 정기적으로 재검토한 다음 개선과 완성하는 단계를 반복하면 가치 있는 생각과 그렇지 않은 생각을 가려낼 수 있다. 이후에는 가치 있는 생각을 계속 개선해 좋은 아이디어로 만드는 것이 가능하다. 이 과정을 거쳐 좋은 아이디어가 탄생하면 이를 실행에 옮겨야 한다.

· 아이디어를 실행에 옮기는 방법 ·

Friedrich Wilhelm Nietzsche

　톰과 랜드는 어린 시절을 함께 보낸 동네 친구로 두 사람은 지능, 가정환경, 성장배경이 비슷했다. 유치원부터 대학까지 같은 학교에 다닌 둘은 학력도 거의 같았다. 그런데 몇 년 뒤 톰은 평범한 회사원이 되었고 랜드는 우연히 떠오른 아이디어로 기업 CEO가 되었다.

　살아온 배경이 비슷한 두 사람의 삶이 달라진 이유는 무엇일까?

그것은 랜드가 자기 생각을 실행에 옮긴 데 있다.

어느 날 랜드는 딸과 함께 사진기를 갖고 놀았는데 그때 딸이 물었다.

"아빠, 찍은 사진을 인화하는 데 얼마나 걸려요?"

랜드는 사진을 인화하려면 일정 시간이 필요하다고 설명해주었다. 그 순간 랜드의 머릿속에 한 가지 생각이 떠올랐다.

'왜 사진을 인화하는 데 몇 시간, 심지어 며칠을 허비해야 하는 거지? 그 자리에서 곧장 사진이 나오게 할 수는 없을까?'

랜드는 연구를 시작했고 6개월 뒤 즉석에서 사진을 인화하는 방법을 발명했다. 그는 이 기술을 바탕으로 회사를 설립했고 이후 톰과 랜드의 삶은 달라졌다.

랜드는 딸에게 질문을 받았을 때 떠올린 생각을 바탕으로 즉석 사진기 기술을 발명했다. 필름 사진기밖에 없던 시절 아마 곧바로 나오는 사진이 있었으면 좋겠다고 생각한 사람이 많을 것이다. 그렇지만 이것을 실행에 옮긴 사람은 랜드뿐이었다. 이처럼 혁신으로 위대한 성과를 거두려면 생각을 실현할 행동이 필요하다.

기회를 만났을 때 최선을 다해 실천하지 않고 무성의하게 대하거나 손을 놓고 아무것도 하지 않으면 바보임을 자청하는 것이나 마찬가지다. 이는 습관적 자살 충동에 시달리는 것 혹은 죽음을 기다리는 것과 다를 바 없다.

    니체의 말에 따르면 우연히 떠오른 생각을 중시하지 않거나 최선을 다해 실천하지 않는 것은 바보임을 자청하는 것, 습관적 자살 충동에 시달리는 것 그리고 죽음을 기다리는 행동이다. 니체의 이 말은 과장일까? 나는 그렇게 생각하지 않는다.

    인생에서 기회는 자주 찾아오지 않는다. 그 기회마저 붙잡지 않으면 아무 소용이 없다. 나중에 다른 사람이 자신과 같은 생각으로 성공했을 때 주변 사람에게 나도 같은 아이디어를 생각했었다고 하소연해봐야 달라지는 것은 없다. 그것은 그저 자신이 바보임을 증명해줄 뿐이다.

· 다른 사람들의 장점을 널리 취하라 ·

Friedrich Wilhelm Nietzsche

인생에는 어쩔 수 없는 것이 많다. 우리는 태어나는 시대, 국가, 가정을 선택할 수 없고 어린 시절에 받는 교육이나 경험도 선택하지 못한다. 이러한 것은 대부분 태어날 때부터 이미 정해져 있다. 이것은 우리에게 어느 정도 영향을 미칠까?

일반적으로 사람들의 사고방식은 거주지, 직업, 지위, 입장, 그 시대의 상식, 습관의 영향을 받는다.

혁신하고자 개인이 아무리 고정관념과 생각의 속박에서 벗어나려 해도 완벽히 벗어나는 것은 불가능하다. 자기 자신에게서 완전히 벗어날 수 있는 사람은 없다. 그렇다면 혁신을 위해 다른 사람의 장점을 취해서 자기 생각을 보충할 필요가 있다. 이는 한계가 있는 개인의 생각을 확장하는 방법이기도 하다.

마치 스펀지처럼 다른 사람의 아이디어에 귀를 기울이고 받아들이는 것이다. 상대는 동료나 아랫사람일 수도 있고 경쟁자일 수도 있다. 좋아하는 사람이나 싫어하는 사람일 수도 있고 총명한 사람이나 멍청한 사람일 수도 있다. 그들의 생각이 확실히 좋다면 편견 없이 스펀지처럼 받아들여야 한다.

여기에 더해 아랫사람, 동료, 고객, 경쟁자와 항상 대화하고 철학자 · 작가 · 변호사 등 자기 분야와 관계가 없는 사람들과도 교류하는 것이 좋다. 여러 단체와 협회에 두루 참석해 교류하는 것도 좋은 방법이다. 다양한 사람들과 교류할 경우 어느 순간 기회와 아이디어의 불꽃이 타오르게 마련이다.

항상 친구는 진실하게 대하고, 적은 용기로 대하며,
실패한 사람은 넓은 마음으로 대해야 한다.
또한 어떤 순간에도 늘 예의 있게 대해야 한다.

니체의 인생 철학 Lesson8

인생을 따뜻하게 해주는
인간관계

Friedrich Wilhelm
Nietzsche

'인간은 사회적 동물'이라는 말에 걸맞게 살아가자면 인간관계가 필수적이다. 그런데 안타깝게도 인간관계에 어려움을 겪는 사람이 아주 많다. 인간관계에서 어려움을 겪을 때 우리는 자신감을 잃고 의기소침해진다. 세상 곳곳을 떠돈 니체는 이상할 정도로 고독한 영혼의 소유자였다. 항상 군중 밖에서 사람의 본성과 인간관계를 고찰한 그는 인간관계와 관련해 값진 진리를 제시했다.

· 신뢰할만한 사람과 교류하라 ·

Friedrich Wilhelm Nietzsche

인간은 본래 고독한 존재로 나이가 들수록 대화와 교류의 중요
성을 더욱 절절히 깨닫는다. 우리의 마음속에는 수많은 말이 담겨
있지만 여러 가지 이유로 가족, 이웃, 동료 그리고 사랑하는 사람에
게조차 그 말을 모두 털어놓지 못한다.

왜 마음속 말을 모두 꺼내지 못하는 걸까? 여기에는 몇 가지 이
유가 있다.

첫째, 이익을 고려한다. 가령 직장에서의 불만을 동료에게 털어놓지 못하는 까닭은 배신당할까 봐 두려워서다.

둘째, 상대의 감정을 고려한다. 예를 들어 가족에게 직장에서의 고민을 털어놔봤자 걱정만 끼칠 뿐 도움을 받을 수 없어 말하지 않는다.

셋째, 상대의 이해도를 고려한다. 사람은 누구나 자신의 견해와 생각을 주위 사람과 공유하고 싶어 하지만 상대가 무슨 말인지 이해하지 못하거나 잘못 이해할까 봐 참기도 한다.

그럼에도 불구하고 인간관계는 사람의 마음을 편하게 해주므로 매우 중요한 요소다.

가끔 어떤 일 때문에 불안감이 느껴지는가? 또는 인생을 어떻게 맞이해야 할지 몰라 불안감이 느껴지는가? 이럴 때는 평소 교류하는 사람 중 신뢰할 만한 사람을 떠올려보자. 그가 마음속에서 중요한 부분을 차지하는 사람이라면 그의 인생 태도를 본받아도 좋다.

난관을 만났을 때는 나와 비슷한 지인들이 어떻게 할지 생각해보자. 지인들이 어떤 방법으로 문제를 해결하는지 보고 본보기로 삼으면 난관을 만났을 때 당황하거나 불안해하지 않을 수 있다.

또 결과를 보고 위안을 얻을 수도 있다. 지인이 실패한 일을 자신도 실패하면 마음의 괴로움이 덜하고 성공하면 상당한 성취감이 느껴진다. 반대로 지인은 성공하고 자신은 실패할 경우 마음이 상하기는 해도 이를 계기로 반성하고 지인에게 배움을 청해 성장할 수 있다.

평범한 사람뿐 아니라 위대한 철학자도 교류해야 한다. 니체는 오랜 시간 홀로 고독하게 살았지만 니체가 고독을 원한 것은 아니었다. 자신을 진정 이해해주는 사람이나 동료를 찾지 못해 어쩔 수 없이 고독을 선택했을 뿐이다.

비록 다른 사람과 교류하지 않았지만 니체에게는 자신만의 교류 방식이 있었다. 그는 《차라투스트라는 이렇게 말했다》에서 차라투스트라의 입을 빌려 태양을 향해 말했다.

위대한 천체여, 만약 그대가 비출 수 있는 게 없다면 그대의 행복은 어디에 있겠는가!

그대는 10년 동안 이곳을 비추었고 내 동굴을 비추었다. 나와 내 독수리와 뱀이 없었다면 그대는 서서히 빛과 여정에 지쳤을 것이다!

여기서 니체는 자신을 태양에 비유하고 있다. 태양 빛은 니체가 사람들에게 전하려 한 그의 사상이다. 이처럼 니체는 책에서 자신의 사상을 이야기했다. 단지 그는 자신의 책을 읽어주는 사람이 아무도 없다는 생각이 들 때 살아갈 수 없었고 미치지 않을 수 없었던 것이다.

· 때로는 둔감한 사람이 되라 ·

Friedrich Wilhelm Nietzsche

　한때 나는 친구 집에서 잠시 신세를 졌다. 하루는 날씨가 약간 더워 내가 거실에서 에어컨을 켜고 책을 읽는데 친구가 외출을 준비했다. 나는 문 앞까지 따라가 밖에 나가는 친구를 배웅했는데 그때 친구가 무심히 말했다.

　"별로 덥지도 않은데 왜 에어컨을 켠 거야?"

　친구가 나간 뒤 나는 만약 예민한 사람이면 그 말을 오해할 수도 있겠다고 생각했다.

'왜 그런 말을 하는 거지? 내가 전기를 함부로 쓴다고 뭐라고 하는 건가? 너무 인색한 거 아냐! 내가 전기를 쓰면 얼마나 쓴다고 쩨쩨하게 구는 거야!'

물론 나는 친구를 잘 알았기에 전기세 때문에 하는 말이 아니라는 걸 알고 있었다. 사실 내 친구는 말주변이 좋은 사람이 아니었다. 그는 그저 분위기를 풀어보려고 농담을 던진 것뿐이었다.

그 친구도 내가 오해할까 봐 걱정이 되었는지 일을 마치고 돌아와 이렇게 말했다.

"날씨가 더우니 에어컨 좀 켜야겠어."

좋은 인간관계를 맺으려면 좀 둔감할 필요가 있다. 니체도 이와 비슷한 말을 했다.

> 항상 민감할 필요는 없다. 인간관계에서는 더욱더 그렇다.
> 설사 상대의 어떤 행동이나 생각에 숨어 있는 동기를 알아챘더라도
> 둔감한 사람처럼 행동하며 절대 고민하는 모습을 보여서는 안 된다.
> 이때 당신은 상대의 말을 최대한 호의적으로 해석하는 동시에 상대를
> 고상하고 대담한 사람처럼 바라봐줘야 한다.

사람은 누구나 이기적이고 가끔은 추악한 생각도 한다. 정말로

미워하거나 편견, 질투, 비웃음 같은 부정적 감정 때문에 나쁜 말을 할 수도 있다. 그렇지만 이런 것은 대개 순간 기분이 나쁘거나 어떤 일에 자극을 받아 생긴 일시적인 감정이다. 이때는 민감하게 받아들이기보다 둔감하게 행동하는 것이 더 낫다. 간혹 매사에 부정적이고 마음이 어두운 사람도 만나는데 그런 사람은 계속 사귈 필요가 없다.

니체는 사회생활을 할 때도 어느 정도는 둔감해야 한다고 말했다. 이것은 사회생활을 하는 요령일 뿐 아니라 상대의 도움을 받는 방법이기도 하다. 만약 상대가 다소 어두운 생각을 하고 있더라도 들춰내기보다 상대의 존엄성을 지켜줄 필요가 있다.

둔감하다는 것이 바보처럼 행동하라는 의미는 아니다. 누군가가 자신을 해치려 하는 게 분명한데도 모르는 척할 필요는 없다. 니체의 말은 서로 관계가 좋은 상황에서 상대의 일부 말과 행동을 너무 민감하게 받아들이지 말라는 의미다.

· 인연에 집착하지 말라 ·

Friedrich Wilhelm Nietzsche

중국 학생들은 대부분 베이징대학교 콤플렉스가 있다. 그것은 나 역시 마찬가지다. 고등학교를 졸업하고 나는 베이징대학교에 가고 싶은 마음이 굴뚝같았으나 내 성적으로는 가당치 않다는 걸 알았기에 응시할 엄두조차 내지 못했다. 이후 대학원에 들어갈 때 나는 눈 딱 감고 예전부터 동경해온 베이징대학교에 응시원서를 냈다가 처참히 떨어졌다.

처음 베이징에 갔을 때 나는 베이징대학교 캠퍼스를 방문했다. 붉은 벽돌로 쌓아올린 강의실 건물은 고풍스러웠고 이름 모를 호수 역시 아름답고 고즈넉했다. 나는 베이징대학교에 깊이 빠져들었다. 중국인으로 태어나 베이징대학교에서 공부하지 못한 게 한스러울 지경이었다.

몇 년 뒤 나는 작가모임에서 베이징대학교 역사학과를 졸업한 어느 박사를 만났다. 그 순간 내 마음 깊은 곳에 잠들어 있던 베이징대학교 콤플렉스가 다시 꿈틀대기 시작했다. 그와 친해지고 싶었던 나는 몇 번이고 전화를 걸어 주말에 함께 식사를 하자고 제안했으나 그는 여러 이유를 대며 완곡히 거절했다. 나중에는 내 전화를 받지도 않았다.

나는 노골적으로 피하는 그의 모습에 화가 나면서도 의기소침해졌다. 그러다가 우연히 불교 관련 책에서 친구를 사귀는 데 필요한 마음가짐을 다룬 글을 보았다. "인연에 집착하면 오히려 인연이 맺어지지 않는다"는 문구를 본 나는 정신이 번쩍 들었다.

삶에서 만나는 모든 인연과 우정은 소중하게 여겨야 하지만 강제로 인연을 맺으려 해서는 안 된다. 애초에 인연은 강제로 맺어질 수 있는 것이 아니기에 결국 자신만 상처를 입기 때문이다.

만약 상대가 나를 싫어하면 내가 아무리 예의 있게 대해도 상대는 쉽게 관점을 바꾸려 하지 않는다. 그러면 결국 내가 이유 없이 그의 비위를 맞추는 상황에 놓이고 만다. 세상 사람 모두가 나를 좋아할 수는 없다. 그러니 인간관계를 맺을 때는 항상 평정심을 유지해야 한다.

인간관계를 맺을 때는 억지로 가까워지려 노력하기보다 평정심을 유지하며 흐름에 따를 필요가 있다. 그렇다고 모든 인연에 소극적으로 대처해야 한다는 말은 아니다. 내가 베이징대학교 출신 박사에게 적극적으로 연락한 것이 잘못된 일은 아니다. 모든 인연은 소중하므로 우리는 인연을 가꾸기 위해 노력해야 한다. 하지만 그가 두세 차례 거절했음에도 불구하고 계속 요청한 것은 잘못된 행동이었다.

억지로 맺은 인연은 보통 좋게 끝나지 않는다. 박사와의 인연에 집착한 나 역시 화를 내며 실패의 고배를 마셔야 했다. 불교에 따르면 모든 것에는 각자의 이치가 있다고 한다. 나는 그 이치를 위반했고 결국 쓰디쓴 실패를 맛봐야 했다.

· 어떤 순간에도 예의있게 대하라 ·

Friedrich Wilhelm Nietzsche

　유유상종이라고 우리는 서로 비슷한 사람들과 어울리는 경향이 있다. 성격, 경력, 취미, 가치관, 사회적 지위, 경제상황에 따라 서로를 구분지어 유사한 사람들끼리 모이는 것이다. 심지어 같은 유형끼리 모인 모임에서조차 서로를 구분한다. 이처럼 사람은 각자의 수준에 따라 인간관계를 맺으려 한다.

항상 친구는 진실하게 대하고, 적은 용기로 대하며, 실패한 사람은 넓은 마음으로 대해야 한다.
또한 어떤 순간에도 늘 예의 있게 대해야 한다.

니체의 이 말은 다양한 사람들과 교류하는 데 필요한 일종의 규칙이다.

친구를 진실하게 대하라는 말은 자기 마음을 솔직히 드러내라는 의미다. 서로의 마음을 이해하지 못하면 진정한 친구가 될 수 없다. 특히 친구 사이에는 경청하는 자세가 필요하다. 진실한 마음이 없으면 친구의 말을 경청하지 않아 우정이 깊어지기 어렵다. 자기 마음을 드러내지 못할 경우 결국 자신이 가장 큰 상처를 받는다.

적을 용기로 대하라는 말에서 '적'은 사이가 좋지 않은 사람, 자신을 해치려는 사람, 경쟁자를 뜻한다. 이런 사람을 대할 때 용기를 내지 않으면 손해를 보거나 심지어 목숨을 잃고 만다. 나아가 적과 주변 사람들에게 겁쟁이라고 비웃음을 당할 수 있다.

실패한 사람이 과거에 자신을 위협했거나 거만하게 굴며 무시했던 사람이면 오히려 마음이 후련할 수 있다. 그렇다고 지나치게 즐거워해서는 안 된다. 자칫하면 상대가 나중에 해를 끼칠 수 있기 때문이다. 실패한 사람은 의기소침한 상태라 자신의 불행에 즐거워하는 사람에게 원한을 품기 십상이다. 그 원한은 굉장히 오래간다.

비록 그가 다시 성공하지 못해도 주변에 적을 만드는 것은 좋지 않다. 가급적 넓은 마음으로 도와주어야 한다. 그러면 오히려 상대가 고마워하면서 좋은 친구가 될 수 있다.

사람을 늘 예의 있게 대하는 것은 수양 문제이자 가장 현실적인 문제다. 좋은 인간관계를 맺으려면 언제나 사람을 예의 있게 대해야 한다. 예의 없게 행동하면 다른 사람들도 예의 없게 행동하고 결국 서로 감정이 나빠지면서 무엇에도 도움이 되지 않는다.

· 진정한 친구란 누구인가 ·

Friedrich Wilhelm Nietzsche

　인생에는 단계가 있고 우리는 대학진학, 취업, 이직 등의 변화가 올 때마다 기존에 알던 사람들과 헤어진다. 학창 시절 몇 년을 함께 한 끈끈한 친구들과도 뿔뿔이 흩어지면 좀처럼 만나기가 어렵다. 모두 가정과 직장생활로 바쁜 데다 일부는 경제적 상황이 허락하지 않거나 가정에 문제가 생겨 만날 여유가 없다.

　나 역시 갈수록 친구들과 연락하는 횟수가 줄어들었고 1년에 한

번도 연락하지 않은 친구도 있었다. 급기야 나는 이러다 우정이 완전히 깨지는 게 아닌가 싶어 걱정스러웠다.

그러던 중 어느 연로한 작가를 만났는데 그가 이런 말을 들려주었다.

"내게는 친구가 아주 많네. 평소에는 연락하지 않다가 가끔 만나는데 굳이 말하지 않아도 서로를 이해한다네. 한번 모인 다음에는 다시 각자 자신의 영역에서 바쁘게 살아가지. 어쩌다 사고가 생겨 모임을 떠나는 친구도 있지만 그런 친구도 몇 년 뒤 돌아온다네. 더러는 돌아오지 못하기도 해. 어차피 그렇게 오고 가는 것이 인생 아닌가."

이 말을 듣는 순간 내 마음속 걱정이 모두 사라졌다. 우정의 깊이는 서로를 얼마나 이해하느냐에 있지 얼마나 자주 연락하고 만나느냐에 있지 않다.

상대를 더없이 친밀하게 대하고 상대의 연락에 전혀 귀찮아하지 않는 것은 서로 신뢰를 얻을 자신이 없다는 의미다. 정말로 서로를 신뢰한다면 굳이 친밀한 감정에 기댈 필요가 없다. 그래서 진정 서로를 신뢰하는 사이는 오히려 무관심해 보인다.

왜 서로를 신뢰하면 무관심하게 행동하는 걸까? 그건 서로가 상대를 이해하므로 군이 친밀하게 행동할 필요가 없기 때문이다. 오히려 서로 거리가 있을 때 더 친밀하게 행동한다. 물론 친밀하게 행동하면 관계가 깊어질 수 있지만 서로의 격차가 너무 클 경우 이는 친밀한 행동으로도 좁히기 어렵다.

또 친밀하게 행동하는 배후에 나쁜 의도가 숨어 있을 수 있다. 상대가 친밀하게 굴 때는 그만한 이유가 있으니 말이다. 이때는 손해를 보지 않도록 배후에 숨은 의도를 알아채야 한다.

흔히 친구를 지기知己라고 하는데 이는 '자신을 알아주는 사람'이라는 뜻이다. 중국 현대문학가 루쉰魯迅은 "살면서 자신을 알아주는 친구 하나만 얻으면 충분하다"라고 말했다. 자신을 알아주는 친구를 만나기란 쉽지 않다. 그렇다고 억지로 얻으려 해서는 안 된다. 이런 친구는 운이 좋은 사람만 만날 수 있으니 차라리 마음을 비우도록 하자.

・친구 사이에도 적당한 거리를 유지하라・

Friedrich Wilhelm Nietzsche

《요재聊齋》에 보면 늘 다른 동료들에게 놀림과 비웃음을 당하는 어수룩한 서생 이야기가 나온다.

어느 날 술집에서 술을 마신 친구들은 돈이 없자 그 서생을 불러 대신 내게 했다. 서생은 탐탁지 않았지만 우정을 위해 묵묵히 따랐다. 다행히 그에게는 특별한 아내가 있었다. 그의 아내는 밖에서는 호랑이처럼 용맹했으나 집에서는 새끼 양처럼 온순했다. 아내는 남편이 밖에서 불쾌한 일을 당했다는 걸 알고 남편을 비웃는 친구들을 향해 호랑이처럼 매섭게 훈계했다.

다음 날 서생이 친구들을 찾아가자 지난 밤 일로 화가 나 있던 친구들은 서생이 아내를 무서워한다며 놀려댔다. 그리고 아내를 무서워하는 사람과는 더 이상 놀지 않겠다고 했다. 서생은 자신이 아내를 무서워하지 않는다는 것을 증명하기 위해 이혼장을 써서 아내와 이혼했다.

아내가 사라지자 나약한 서생은 집안 재산을 지키지 못했다. 집안은 순식간에 몰락했고 친구로 지내던 사람들도 초라하고 어리숙한 서생을 떠나갔다. 서생은 이루 말할 수 없이 비참했다. 그는 친구들을 위해 자존심과 돈 심지어 아내를 버렸고 마침내 모든 것을 잃어버렸다. 하지만 그가 가장 소중히 여기던 '우정'은 얻을 수 없었다.

어쩌면 독자들은 서생이 일방적으로 우정을 원한 것일 뿐 친구들은 애초에 그럴 마음이 없었다고 생각할지도 모른다. 사실은 그게 맞다. 어수룩하고 나약한 서생이 일방적으로 친구 간의 우정을 원한 것이었다.

그럼 자기 자신을 돌아보자. 주변 친구 중 진정한 우정이라고 할 만한 사람이 몇이나 있는가? 지금도 친구에게 사기를 당한 사람을 어렵지 않게 찾아볼 수 있다. 그들을 모두 바보 같다고 말할 수는

없지 않을까? 자신은 그런 일을 당하지 않을 거라고 얼마나 확신할
수 있는가?

상대를 존경하는 것보다 더 많이 자신을 존경해야 한다.
상대를 사랑하는 것보다 더 많이 자신을 사랑해야 한다.
친구와 친밀하고 상냥하게 사귈 수는 있지만 진퇴양난에 빠지지 않도
록 스스로 조심해야 한다.
자신과 상대를 헷갈리지 말고 두 사람 사이를 명확히 구분해야 한다.

니체의 이 조언을 따르려면 어떻게 해야 할까?

친구보다 더 자신을 사랑하고 존중해야 한다. 최소한 자신의 독
립적인 인격은 보호해야 한다. 발 벗고 나서서 친구를 도와줄 수도
있지만 자기 삶의 원칙까지 포기해서는 안 된다. 만약 상대가 그걸
원한다면 차라리 우정을 포기하는 것이 낫다.

또 자신의 경제적 독립성을 유지하고 친구에게 의지하려 해서는
안 된다. 그렇지 않으면 결국 상대에게 무시당하다가 우정마저 잃
고 말 것이다. 진정한 친구는 한파 속 고슴도치와 같다. 적당한 거
리를 유지하면 서로 찬바람을 막아주며 온기를 나눌 수 있지만 너
무 가까이 다가가면 서로 가시에 찔려 다친다. 친구는 서로 일정한
거리를 유지할 필요가 있다.

·우정은 돈이 아니다·

Friedrich Wilhelm Nietzsche

소셜 커뮤니티에는 친구와 관련된 게시글이 많은데 대개는 사귀
어도 좋은 친구와 그렇지 않은 친구를 다룬 이야기다. 이들이 말하
는 사귀지 않아야 할 친구는 인색한 사람, 마음이 좁은 사람, 도덕
적이지 못한 사람 등이다. 이런 유형과 오래 사귀면 자신이 손해를
보거나 인생을 망친다는 얘기다.

반대로 사귀어도 좋은 친구로는 도덕적인 사람, 생각이 뛰어난

사람, 사업에 성공한 사람 등을 거론한다. 이들을 사귀면 좋은 조언을 듣거나 도움을 받기 때문이란다.

그러고 보면 핵심은 '이익'이다. 이익을 따르는 것은 인간의 본성이니 꼭 나쁘다고 할 수는 없지만 그렇게 사귄 친구가 진정한 친구인지는 생각해볼 일이다.

누구나 도덕적인 사람, 생각이 뛰어난 사람, 사업에 성공한 사람을 사귀고 싶어 한다. 그러나 이런 마음가짐으로 다가가면 상대에게 무시만 당할 뿐이다. '성공한 사람에게도 가난한 친구가 있을 수 있다'거나 '성공했다고 비웃고 무시하기만 하겠는가'라고 반박할 수도 있다.

당연히 성공한 사람에게도 가난한 친구는 있다. 여기서 간과하지 말아야 할 것은 가난한 친구가 어떻게 성공한 친구와 사귀게 되었는가 하는 점이다. 니체는 이렇게 말했다.

어린 시절에는 직업, 이해관계를 따지지 않고 오로지 우정으로 사귄다. 함께 놀고 싸우고 위로하고 경쟁하고 걱정하면서 말이다. 이런 과정으로 서로 우정을 쌓고 친구가 된다. 그래서 나중에 격차가 벌어져도 우정을 유지할 수 있다.

어릴 때는 이익을 생각하지 않고 그저 함께 놀고 티격태격하고 화해하고 경쟁한다. 어린 시절과 학창 시절에 친구를 쉽게 사귀는 이유가 여기에 있다. 반면 성인이 되어 사회생활을 시작하면 그런 순수한 마음이 남아 있지 않아 진정한 친구를 사귀기가 어렵다.

부자와 빈자의 우정은 어렸을 때나 함께 힘들었던 때 이뤄진 경우가 많다. 설령 성공한 이후 생긴 우정이더라도 대개는 이익이 아닌 공통적인 취미나 경험이 계기로 작용한다. 특히 가난한 사람이 이익을 얻고자 하는 마음으로 접근하면 성공한 사람은 그 우정을 이어가려 하지 않는다. 만약 그 우정을 받아들인다면 이는 가난한 사람에게 얻고 싶은 것이 있기 때문이다.

이익을 목적으로 친구를 사귀면 안 된다. 성공한 사람과 억지로 사귀려 하면 자신만 상처를 입을 뿐이다. 진정 성공한 사람과 친구가 되고 싶다면 이익을 얻고자 하는 마음을 버려야 한다. 이익을 목적으로 자신에게 접근하는 사람을 좋게 보는 사람은 없다. 이익을 얻으려 하면 상대는 당신을 멸시할 테고 우정도 끝날 것이다.

· 인생의 친구를 만나는 방법 ·

Friedrich Wilhelm Nietzsche

대학 시절 한번은 여름방학 때 집으로 돌아가지 않고 기숙사에 남은 적이 있다. 방학을 맞아 학생들이 떠나버린 기숙사는 텅 비었고 나와 둥東, 하이海 세 사람만 남아 있었다. 당시 기숙사 안에는 몸을 씻을 곳이 없었기에 우리는 매일 밤 수영장에 가서 샤워를 했는데 길이 멀고 어두워 늘 함께 움직였다.

하이가 씻는 걸 귀찮아해서 나와 둥만 갈 때도 있었다. 역사를 좋아한 둥과 나는 항상 같이 걸으며 역사를 주제로 열띤 토론을 벌였다. 가끔 하이가 같이 가는 날에는 축구를 좋아하는 하이와 둥이 축구 이야기로 열을 올렸다. 그 이야기에 끼어들지 못해 우울했던 나는 '사람은 같은 유형과 어울린다'는 말을 절절히 실감했다.

여러 해가 지난 뒤에도 나는 여전히 역사를 좋아했고 가끔 새로운 걸 발견할 때마다 누군가와 공유하고 싶은 마음에 같은 도시에 있던 둥을 찾아갔다. 둥은 친절하게 응대했지만 나는 그가 내 말에 흥미가 없다는 것을 알고 있었다. 결국 나는 몇 번 찾아가다가 발길을 끊었다.

다행히 인터넷에는 나 같은 역사 애호가가 많이 있었다. 나는 그들 중 몇 명과 친해졌고 내가 발견한 것을 들려주었다. 나는 그들의 의견과 답변을 읽으며 내가 그들에게 진심으로 인정받고 있음을 느꼈다. 그때 나는 하나의 공통점만으로도 사는 곳과 직업, 나이가 다른 사람들이 함께 어울릴 수 있다는 사실을 깨달았다.

당신을 칭찬하는 사람은 당신과 비슷한 사람이다. 당신 역시 자신과 비슷한 사람을 칭찬한다. 서로 같지 않으면 상대를 잘 이해하거나 장단점을 판단할 수 없기 때문이다.

사람들에게는 각각 수준이 있다. 이해와 칭찬 그리고 우회적 형식으로 나타나는 자기 동일성은 모두 수준이 비슷한 사람들 사이에서 이뤄진다.

    사람의 수준은 직업, 사회적 지위, 공통 목표 등으로 구분한다. 일정한 규칙을 정해 사람의 수준을 구분하려 하면 우열 문제가 생길 수 있다. 단순히 각자의 경제력이나 학력으로 구분할 수도 있다. 그렇다고 굳이 이런 기준으로 친구를 찾을 필요는 없다. 기준에 따라 수준이 다양할 수 있기 때문이다.

    나를 진정으로 이해하고 칭찬하는 친구는 대개 같은 수준의 무리에 있다. 인생의 친구를 만나고 싶다면 먼저 자신과 비슷한 유형을 찾도록 하자.

· 자신의 무리에서 벗어나라 ·

Friedrich Wilhelm Nietzsche

만약 니체의 사상이 자신과 비슷한 유형을 사귀라는 데서 멈췄다면 그가 지금처럼 존경받지는 못했을 것이다. 니체는 자신과 비슷한 유형을 사귄 뒤에는 무리에서 나와야 한다고 조언했다.

> 사람은 항상 '같은 사람끼리 어울리는 법'이라고 말한다. 그러나 생각
> 이 같은 사람끼리만 모여 서로를 인정하고 이해하며 만족할 경우 그

니체의 인생 철학 Lesson8

곳은 폐쇄 공간으로 전락해 더는 새로운 관점과 사상이 나오지 않는다. 동시에 무리의 연장자가 자신과 관점이 같은 젊은이만 두둔하면 그 젊은이와 무리 안의 모두가 망가진다. 반대 의견과 독특한 생각을 두려워하고 안정적인 상태만 추구하는 것은 결국 무리와 각 개인 모두의 본질부터 갉아먹어 붕괴와 파멸을 가속화한다.

우리는 주변에서 자신의 관점을 고집하며 자신과 같거나 관점이 비슷한 사람만 편애하는 연장자를 자주 볼 수 있다. 심지어 심리학계의 권위자 지그문트 프로이트마저 여기서 자유롭지 못했다. 또다른 위대한 심리학자 카를 융은 일찍이 프로이트 밑에서 정신분석이론을 배우며 총애를 받았다. 융은 단번에 국제정신분석운동의 지도자로 부상했고 프로이트의 제안으로 국제정신분석학회 종신회장이 되어 학회에서 상당한 권력을 누렸다.

그런데 연구가 깊어질수록 융은 프로이트의 이론에 회의감을 느꼈고 두 사람 사이는 점차 멀어졌다. 융의 '배신'에 불만을 품은 프로이트는 융에게 직접 연구를 포기하라고 요구하기까지 했다. 두 사람의 의견 불일치로 정신분석 영역마저 갈라졌고 결국 4차 국제정신분석학회에서 양측은 서로를 공격했다. 어쩔 수 없이 프로이트와 결별하기로 한 융은 국제정신분석학회 회장직을 사임하고 학회를 나왔다.

무리를 떠난 뒤 과거의 친구, 동료와도 결별한 융은 고독감을 느꼈으나 주눅 들지 않고 연구에 매진해 마침내 분석심리학파를 창시했다. 프로이트가 창시한 정신분석학파 추종자에서 분석심리학파 창시자가 된 융의 모습은 무리에서 나오는 게 얼마나 중요한지 보여준다.

뜻이 맞는 친구를 찾은 뒤에는 보다 더 발전하기 위해 그곳을 떠나 다른 곳으로 가야 한다. 기존의 무리에서 나오는 것은 사실상 새로운 무리를 찾는 것이라고 할 수 있다. 자신과 비슷한 무리를 찾고자 할 경우 먼저 지금의 무리에서 나와야 한다.

· 판단력을 키워
진짜 같은 가짜 교사를 분별하라 ·

Friedrich Wilhelm Nietzsche

　대학을 갓 졸업한 나는 맨 처음 침구체인점 본사 구매담당 직원으로 일했다. 그때 나보다 5년 일찍 대학을 졸업한 한 선배가 한가할 때마다 내게 여러 가지 조언을 해주었다.

　"매달 판매실적을 보고할 때 너무 적게 하면 안 돼. 너무 적으면 너한테도 좋지 않고 동료들에게도 미움을 받을 수 있어. 너와 동료들의 실적에 차이가 많이 나면 동료들이 실적을 부풀렸다는 의심을 받을지도 몰라."

"물품을 구매한 공장에서 답례품을 보내오면 먼저 자신이 감당할 수 있는 물건인지 고민해봐야 해. 감당할 수 있다면 괜찮지만 그렇지 않은 물건이면 받아서는 안 돼. 나중에 소송당하면 골치 아프거든."

사회초년생인 내게 이런 조언은 상당히 유용하게 들렸고 더러는 큰 깨달음을 얻은 듯한 느낌이었다. 지금 곱씹어 봐도 꽤 실용적인 조언이 몇 가지 있다. 분명 선배는 사회초년생인 내가 쉽게 적응하도록 돕고 싶어 이런저런 조언을 해주었을 것이다. 그러나 역으로 생각해보면 아무것도 모르는 내 머릿속에 요령을 주입한 것이 좋은 일만은 아니었다.

그것은 대부분 내게 유리한 처세술이나 임기응변이었고 잠시 도움을 받은 것도 사실이다. 그렇지만 그의 조언은 결국 내가 지극히 작은 이익에 연연하게 만들었다. 만약 내가 그 조언을 맹목적으로 따랐다면 작은 이익을 위해 내 삶의 원칙을 버렸을지도 모른다. 아마 나는 서서히 작은 이익을 탐하는 노예로 변해가면서 미래의 꿈을 잃어버렸을 것이다.

지금도 그 선배처럼 누군가를 가르치길 좋아하는 사람이 많다. 니체는 다음과 같이 말했다.

세상에는 그럴듯한 가짜 교사가 셀 수 없이 많고 그들이 가르치는 것은 처세법이다. 그들의 말대로 행동하면 분명 이득을 얻을 것이다. 그러면 곰곰 생각해보자. 가짜 교사가 가르치는 것은 모두 실리를 판단하는 방법뿐이다. 그들은 사람과 사물을 대하는 방법은 말하지 않는다. 정말 인생의 본질도 모른 채 무지몽매하게 살아가고 싶은가?

바둑계에서는 "작은 이익에 연연하지 말고 큰 계획을 세워야 한다"는 말이 있다. 큰 계획을 세운 사람만이 큰일을 할 수 있는 법이다. 온종일 작은 이익에 애면글면하는 사람은 큰일을 할 수 없다.

사회생활에는 더러 융통성이 필요하지만 살다 보면 세상에는 융통성 있는 사람보다 의지가 굳건한 사람이 더 필요하다는 사실을 깨닫는다. 따라서 인간관계를 맺을 때는 자신만의 독립적인 판단력이 필요하다. 우리 주위에는 가르치길 좋아하는 가짜 교사가 너무 많다!

상대방이 너무 강해서, 난관이 많아서, 실패를 극복할 조건이
충분하지 않아서 실패한 것이 아니다. 단지 두려움을 품고
위축될 때 자발적으로 괴멸과 패배의 길을 선택하게 되는 것이다.

니체의 인생 철학 Lesson9

자신의 영혼과
마주할 용기

Friedrich Wilhelm

Nietzsche

두려움은 일종의 병으로 아주 빠르게 우리를 병들게 한다. 두려움이 뱀처럼 영혼을 휘감고 전류같이 순식간에 온몸으로 파고들면 우리는 두려움의 노예가 되고 만다. 시간이 흐르면서 두려움은 희미해지지만 완전히 사라지지는 않는다. 남은 두려움은 씨앗처럼 마음 깊은 곳에 숨어 서서히 우리의 마음을 잠식한다. 두려움의 씨앗이 내 마음에 싹을 틔워 뿌리내리지 못하도록 빨리 제거해야 한다.

· 두려움에서 벗어나라 ·

Friedrich Wilhelm Nietzsche

가끔 나는 대학 시절 4년 동안 학생회나 동아리 활동에 참여하지 않은 것을 후회한다. 사실 대학에 막 입학했을 때만 해도 이런저런 캠퍼스 활동에 참여할 계획이었으나 고향 선배의 조언에 무릎 자르 듯 단박에 계획을 포기했다. 내 계획을 들은 선배는 고개를 저으며 말했다.

"학생회에 들어가지 마. 거긴 인맥이 없으면 힘들어."

그 선배가 졸업하고 들어온 후배들이 내게 학생회에 관해 물을 때마다 나는 똑같이 말했다.

"학생회에 들어가지 마. 거긴 인맥이 없으면 힘들어."

생각해보면 당시 내가 학생회에 들어가지 않은 것은 인맥 때문이 아니었다. 실은 학생회 활동에 두려움을 느꼈던 것이다. 나는 학생회가 펼치는 각종 활동에 참여하는 것을 비롯해 선배들과 인간관계를 잘 맺을 자신이 없었다. 그런 내게 선배의 조언은 좋은 핑계거리였고 결국 나는 두려움에 맞서 행동할 기회를 포기했다. 두려움과 관련해 니체는 이렇게 말했다.

'엇, 앞에 길이 없네!' 이런 생각을 하는 순간 원래 있던 길도 갑자기 보이지 않는다.

'위험해!' 하는 생각을 하는 순간 안전한 곳을 잃는다.

'아, 이렇게 끝나는구나' 이렇게 생각하는 순간 마지막으로 향한다.

'방법이 없어'라고 생각하는 순간 가장 좋은 방법이 사라진다.

한마디로 두려움은 실패와 파멸을 의미한다.

만약 학생회에 들어갔다면 인맥이나 다른 요인으로 실패했더라도 지금처럼 후회하지는 않았을 것 같다. 내가 정말로 후회하는 것은 시도해보지도 않고 포기했다는 사실이다.

두려움은 의지를 잃게 하거나 그것을 가둬둔다. 의지가 없다는 것은 자신의 견해나 생각이 없다는 것을 의미한다. 그러니 두려움이 가둬둔 것은 의지가 아니라 자기 자신이라 할 수 있다. 만약 두려움에서 벗어나지 못하면 영원히 두려움에 갇혀 기대하는 삶에 이르지 못할 것이다.

· 두려움이란 무엇인가? ·

Friedrich Wilhelm Nietzsche

인류의 기나긴 발전 과정에는 항상 두려움이 있었다. 원시인은 번개, 지진 같은 자연현상을 두려워하며 샤머니즘이나 토테미즘으로 극복하려 했다. 현대인 역시 두려움에서 벗어나지 못하고 있다. 일반적으로 우리가 두려워하는 대상은 세 유형으로 나뉜다.

하나는 '공간'으로 광장공포증, 폐소공포증, 고소공포증이 여기에 속한다. 다른 하나는 '사회'로 낯선 사람이나 단체와의 교류에서 두려움을 느끼는 경우다. 마지막은 '특정 대상'으로 동물, 곤충, 괴물 등 특정한 무언가에 두려움을 느끼는 것을 말한다.

과연 두려움은 어디서 오는 것일까? 니체의 말을 들어보자.

> 두려움이라는 환각은 원숭이처럼 장난기 많은 정령이다. 이것은 사람이 가장 무거운 것을 짊어졌을 때 그의 등에 올라탄다.

'가장 무거운 것을 짊어졌을 때'란 언제를 말하는 것일까? 바로 우리가 예상치 못한 상황 혹은 원치 않은 상황에 맞닥뜨렸을 때다. 가령 맹수·악인·괴물 같이 위험한 대상을 만났을 때, 회의에서 비웃음을 당할 가능성이 있을 때, 엄청나게 빠른 속도로 달리는 차에 타고 있을 때 우리는 위험을 직감한다.

이런 상황을 피할 수 있으면 두려움은 생기지 않는다. 맹수를 만났을 때 차에 타고 있으면 운전해서 도망칠 수 있다. 또 비웃음을 당할 가능성이 있는 회의에는 참석하지 않으면 그만이고, 위험하게 질주하는 차에서는 내리면 그만이다. 이렇게 피할 수 있을 경우 우리는 두려움을 느끼지 않는다. 설사 느낄지라도 상황을 벗어나면 두려움은 금세 사라진다.

심리학의 관점에서 두려움은 예상치 못했거나 위험한 상황에서 아무것도 할 수 없다고 느낄 때 생기는 감정이다. 피하고 싶지만 피할 수 없을 때가 바로 니체가 말한 '가장 무거운 것을 짊어졌을 때'이다.

두려움은 우리를 괴롭힌다. 두려움에 빠지면 갑자기 심장박동이 빨라지고 혈압이 상승하며 호흡이 가빠진다. 또 동공이 확장되고 온몸이 떨린다. 두려움이 극에 달할 경우 오줌을 지리거나 죽을 수도 있다.

그렇다고 사람의 본능인 두려움이 무조건 나쁜 것만은 아니다. 두려움은 일종의 자기보호 본능이다. 위험하거나 불리한 상황에 놓일 때 두려움은 우리에게 도망치라고 경고한다. 어떤 이유로 도망치지 못했거나 도망치는 데 실패한 것까지 두려움의 잘못이라고 할 수는 없다.

· 싸워보기도 전에 포기하지 말라 ·

Friedrich Wilhelm Nietzsche

언젠가 나는 세상에 널리 알려진 장군들의 일대기를 읽고 그들을 분류해보았다. 그들은 매번 승리한 장군, 늘 패하다가 마지막 순간에 승리한 장군, 재능은 뛰어났지만 시대를 잘못 타고난 장군 등 다채로운 이력을 보여주었다. 그중에서 내가 가장 싫어한 유형은 '싸우기 전에는 자만하다가 한 번의 패배로 모든 것을 포기해린 장군'이었다.

이들은 대개 싸우기 전에는 적을 얕잡아 보다가 한 번 패배한 뒤 자신감과 투지를 잃어버렸다. 한마디로 집안이 좋아 그 자리에 오른 것일 뿐 장군이라 할 수 없는 유형이었다.

그런데 사회생활을 하면서 나는 '싸우기 전에는 자만하다가 한 번의 패배로 모든 것을 포기해버린 경우'보다 더 나쁜 유형을 발견했다. 그것은 싸워보기도 전에 자신감과 투지를 잃고 포기하는 경우다. 사회를 자세히 들여다보면 이런 사례를 생각보다 쉽게 발견할 수 있다.

예를 들어 어느 직원이 획기적인 아이디어를 생각해냈다고 해보자. 만일 그 직원의 아이디어를 적용해 효율이 높아지면 그는 상여금을 받을 것이다. 그런데 아이디어를 제안하려는 순간 그 직원의 머릿속에 이런 생각이 스쳐 지나간다.

'만약 내 아이디어를 실행했다가 회사가 손해를 보면 어떡하지? 그럼 내가 책임을 져야 하나? 혹시 회사만 이득을 보고 직원들은 피해를 보는 거 아냐? 그럼 동료들한테 미움을 받을 텐데. 이 아이디어를 제안한 게 내가 처음이 아니면 어쩌지? 이유가 있어서 실행하지 않은 아이디어를 다시 들춰낸 거면 어떡하지?'

이런저런 생각에 망설이다가 제안하지 못하면 아이디어는 묻혀버리고 만다.

이 같은 상황은 아주 많이 벌어진다. 가령 창업을 준비하다가 과정이 복잡해 포기하거나 좋아하는 여성에게 거절당하는 것이 두려워 고백하지 않는 것도 여기에 속한다.

두려움은 자아 인식을 방해하므로 자아실현의 적이다.
우리는 삶의 진정한 키잡이가 되어야 하며 삶을 대담하게 대해야 한다.

'싸우기 전에는 자만하다가 한 번의 패배로 모든 것을 포기해버린 장군'들은 후세에 비웃음을 받았지만, 어쨌든 한 번은 칼을 들고 싸워봤기에 후회하지는 않았다. 그들에게는 운이 나빠 강한 상대를 만나는 바람에 패배한 것이라는 위안거리가 있었다.

그러나 싸워보지도 않고 포기하면 그럴 수 없다. 나중에 자신과 똑같은 아이디어로 회사를 차려 성공한 사람을 보거나 과거에 자신이 좋아한 여성에게 "예전에 너를 좋아했었어"라는 말을 듣고 땅을 치며 후회하는 것 말고는 할 게 없지 않은가.

· 다른 사람에게 기대지 말라 ·

Friedrich Wilhelm Nietzsche

역사책을 읽다 보면 재미있는 현상을 발견할 수 있는데 그것은 강인한 아버지 밑에서 나약한 아들이 자라는 경우다.

예컨대 한나라를 세운 유방은 강인했지만 그의 아들 유영劉盈은 나약했고, 당나라 이세민은 강인했으나 그의 아들 이승건李承乾은 나약한 인물이었다. 명나라를 건국한 주원장朱元璋 역시 강인한 인물이었지만 태자 주표朱標는 나약했으며 청나라 말기 정치가 중국

번曾國藩과 달리 증기택曾紀澤은 나약했다.

왜 이런 현상이 발생한 걸까? 이 질문은 오랫동안 나를 괴롭혔다.

그러던 중 베이징에서 직장을 구한 나는 샤오장小江이란 친구와 함께 살게 되었다. 나와 동갑인 샤오장은 겁이 많고 능력이 부족해 늘 내게 의지하려 했다. 어느 날 샤오장과 대화하던 중 나는 그의 아버지가 성공한 사업가라는 얘기를 들었다. 평소 그의 아버지는 아들의 모든 일을 대신 처리해주었고 바쁠 때는 샤오장보다 두 살 위인 당숙이 처리하게 했다.

아버지와 당숙의 보살핌 아래 성장한 샤오장은 스스로 무얼 처리해본 적이 없었다. 스스로 해야 할 일이 생기면 당황하면서 다른 사람이 대신 처리해주기만 바랐다. 샤오장의 성장 배경을 들은 나는 비로소 유방, 이세민, 주원장 같이 강인한 아버지 밑에서 나약한 아들이 나오는 이유를 이해했다.

어릴 때부터 강인한 아버지가 대신 처리해주면 당연히 아들은 경험이 부족할 수밖에 없다. 그렇게 자란 사람은 성인이 되어도 문제가 생길 때마다 당황하며 다른 사람에게 의지하려고 한다.

누군가가 자신을 구원해주길 기다리는가? 그건 당신이 불성실하고 산만하며 다른 사람에게 의지하려 하면서 지금까지 자신에게 닥친 문제를 해결할 능력이 없다고 생각해왔기 때문이다.

그래서 마음 깊이 누군가가 자기 문제를 대신 해결해주길 바라는 것이다. 이것은 틀렸다. 사실 당신은 자신을 구원해줄 사람이 아니라 자신을 속박할 사람을 기다리고 있다는 걸 모르고 있다.

아버지는 사랑하는 아들의 일을 도와준 것일 뿐 속박하려 한 게 아닐 것이다. 하지만 아버지의 도움이 지나치면 오히려 아들이 나약해질 수 있다. 아버지의 비호를 받으며 자란 아들은 세상을 이해하지 못해 두려움을 느낀다. 우리 속에서 성장한 늑대가 야생성을 잃어 우리 밖 세상을 두려워하는 것처럼 말이다.

물론 강인한 아버지 밑에 나약한 아들만 있는 것은 아니다. 주원장의 장남 주표는 나약했지만 넷째아들 주체朱棣는 강인한 인물이었다. 이는 주체가 형 주표와 다른 환경에서 자랐기 때문일 수도 있다. 주표는 황궁에서 곱게 자란 반면 주체는 10대 때 베이징 연왕燕王에 봉해져 매일 몽골군과 전쟁을 치르면서 자랐다.

인생 여정에서 고난을 만나면 다른 사람에게 기대려 하지 말고 스스로 해결하고자 노력해야 한다. 고난에 용감히 맞서면 서서히 강인한 사람으로 변해갈 수 있다.

· 두려움을 극복하는 방법은 행동이다 ·

Friedrich Wilhelm Nietzsche

어느 날 내 친구가 한 사업가에게 일을 부탁하기 위해 특산품을 싸들고 베이징으로 갔다.

오전 7시 베이징에 도착한 친구는 사업가에게 전화를 걸려다 너무 이르다는 생각이 들어 그만두었다.

8시, 사업가가 아침식사를 하고 있을지도 모른다는 생각에 전화하지 못했다.

9시, 사업가의 회의를 방해할지도 모른다는 생각에 전화하지 못했다.

10시, 전화로 사업가의 동의를 얻어 회사로 가도 점심시간이라 사업가의 점심을 방해할 것이라는 생각에 전화하지 않았다.

11시, 같은 이유로 전화하지 못했다.

12시, 사업가가 낮잠을 자고 있을 거라는 생각에 전화하지 못했다.

오후 1시, 낮잠에서 막 깬 사업가가 전화를 받고 짜증을 낼지도 모른다는 생각에 전화하지 못했다.

오후 2시, KFC에서 반나절 동안 머무르라 피곤하고 땀도 많이 흘려 여관에서 씻은 뒤 사업가를 만나야겠다고 생각했다.

오후 4시, 겨우 적당한 여관을 찾아 씻은 친구는 지금 찾아가면 퇴근시간과 맞물린다는 생각에 걱정했다. 사업가가 퇴근한 뒤 회식을 하려 하는데 자신이 눈치 없이 찾아가 난감해질 수도 있다고 여겼다.

저녁 6~8시, 사업가가 회식을 하고 있을지도 모른다는 생각에 기다렸다.

저녁 8시, 회식은 끝났겠지만 사업가가 술에 취했을 거라고 생각해 내일 찾아가기로 했다.

그렇게 하루가 지나갔다.

그 친구는 아마 굉장히 소심하고 무능한 사람일 거라고? 사실 그 친구는 지역병원 부사장으로 현지에서 꽤 명망이 높은 사람이다!
그는 왜 그렇게 망설이며 시간을 허비한 것일까? 두려움에 사로잡
혔기 때문이다. 니체는 두려움이 낳는 결과를 이렇게 말했다.

> 상대방이 너무 강해서, 난관이 많아서, 실패를 극복할 조건이 충분하
> 지 않아서 실패한 것이 아니다. 단지 두려움을 품고 위축될 때 자발적
> 으로 괴멸과 패배의 길을 선택하게 되는 것이다.

두려움을 극복하는 방법은 무엇일까? 니체는 해결 방법으로 행
동을 제시했다. 두려움이 생겼을 때 미루고 기다리기만 하면 두려
움은 새싹처럼 무럭무럭 자라 결국 마음 전체를 장악한다.

그날 저녁 두려움에 사로잡힌 친구는 내게 전화해 도움을 요청
했다. 나는 내일 오전 10시 아무것도 생각하지 말고 무조건 사장에
게 전화하라고 조언했다. 친구는 내 조언대로 전화했고 이후 모든
문제를 일사천리로 해결했다.

행동은 두려움을 극복하는 가장 좋은 방법이다. 만약 짝사랑하
는 여성이 있으면 이것저것 재지 말고 고백해야 한다. 방문판매를
할 때는 아무것도 생각하지 말고 고객에게 직접 찾아가야 한다. 미
루고 망설일 때 두려움은 커진다. 그 반대로 행동하면 자신감이 생
겨 두려움을 극복할 수 있다!

· 두려울 때는 함께 하라 ·

Friedrich Wilhelm Nietzsche

내가 지금의 도시로 이사한 지 어느덧 20여 년이 흘러 집과 마당
이 상당히 낡았다. 밤이면 마당에 검은 어둠이 깔리면서 적막감이
집을 감싼다. 구석방에서 쥐나 다른 무언가가 바스락대는 소리에
깜짝깜짝 놀랄 때도 많다. 어머니는 낡은 집에서 혼자 밤을 보낼 엄
두가 나지 않는지 일이 있어 올라오실 때마다 조카를 데려온다.

"어린아이라도 옆에 있으면 무섬증이 덜해."

      —— 니체의 인생 철학 Lesson9

나도 어머니의 말에 동의한다. 캄캄한 공간에 갇혀 있거나 칠흑처럼 어두운 들판에 혼자 있으면 두려움을 참기 힘들다. 그때 어린 아이나 심지어 강아지라도 옆에 있으면 두려움을 덜 수 있다.

다른 사람과 함께하면 용기가 생긴다. 특히 낯선 곳에 갈 때는 왠지 모를 두려움이 느껴지게 마련이지만 옆에 누군가가 있을 경우 은근히 용기가 솟는다. 여럿일 때 더 용감해지는 이유는 무엇일까?

두려움의 진짜 모습은 당신의 마음속에 숨어 있다.

두려움은 전파력이 있는 감정이라 생각하면 생각할수록 강도가 강해진다. 먼저 두려움은 마음을 장악한 뒤 몸으로 옮겨가 소름이 돋고 머리카락이 곤두서게 만든다. 이러한 신체 반응은 다시 마음에 영향을 미쳐 공포심을 더 자극한다.

이때 누군가가 옆에 있으면 두려움이 마음을 완전히 장악하는 것을 막을 수 있다. 무의식적으로 옆에 있는 사람이 도와줄 거라 생각하기 때문이다. 실제로 두 사람이 함께하면 마음이 두려움에 완전히 정복되는 것을 막을 수 있다. 또 공포심이 무한대로 커지는 것도 방지한다.

두려운 일이 있을 때는 함께할 사람을 찾아보자. 한두 번 같이하면 일에 익숙해져 혼자 해도 두려움을 느끼지 않는다. 물론 이 방법이 모든 두려움을 극복하게 해주는 것은 아니다. 특히 장소를 두려워할 때는 효과가 제한적이다. 여러 번 같이 간다고 두려움을 느끼는 장소가 변하는 것은 아니다. 다시 혼자 가면 두려움을 느낄 수 있다.

그렇지만 인간관계에서 느끼는 두려움은 효과적으로 해결할 수 있다. 지인과 함께 모임에 참여해 여러 사람과 안면을 익히게 되면 나중에 혼자 참여해도 별다른 두려움을 느끼지 않는다.

· 가장 어려운 문제부터 극복하라 ·

Friedrich Wilhelm Nietzsche

어린 시절 나는 갑나라와 을나라가 벌이는 전쟁 이야기를 다룬 소설을 읽은 적이 있다. 북쪽의 갑나라 병사는 기량이 뛰어나고 용맹한 반면 남쪽의 을나라 병사는 왜소하고 나약해 갑나라를 이길 수 없었다. 더구나 갑나라에는 용맹한 기병대가 있었다. 전쟁을 벌일 때마다 갑나라 기병은 빠른 기동력으로 을나라 군 진영을 무너뜨렸고 을나라 군은 뿔뿔이 도망가기에 바빴다.

몇 번의 전투에서 연이어 패배한 을나라 군은 투지를 완전히 상실했다. 더욱이 갑나라 기병대를 향한 공포심이 이룰 말할 수 없었다. 그렇게 을나라가 패망의 위협에 직면한 순간 새로 부임한 장군은 투지를 드높이기 위해 갑나라 기병을 선제공격하는 전략을 세웠다. 그는 치고 빠지는 전술로 갑나라 기병대를 깊숙이 유인했고 매복한 병사들이 그들을 전멸시켰다. 갑나라 기병이 전멸하자 을나라 군의 투지는 높아졌고 전쟁에서 연이어 승리했다.

　두려움에 휩싸였을 때 도망치면 안 된다. 반격하는 것은 매우 어려운 일이지만 이것을 해내야 반전의 기회를 잡을 수 있다. 반격할 때 마주치는 여러 난관 중 가장 큰 것은 마음속 두려움이다. 만약 이것을 해결하지 못할 경우 용기를 되찾을 수 없다.

　가장 어려운 문제를 해결할 때는 온 힘을 집중해야 한다. 일단 가장 어려운 문제를 해결하면 다른 문제는 수월하게 해결할 수 있고 마음속 두려움도 사라진다.

　우리는 쉬운 것부터 시작해 점차 어려운 것으로 접근하는 것을 문제를 해결하는 상식으로 알고 있다. 그래서 어려운 문제를 먼저 해결하라는 말에 의아해하는 독자도 있을 것이다. 중국의 유명한 장군 악비岳飛는 "병법의 상식을 운용하는 묘미는 마음에 달려 있다"라는 말을 남겼다.

대승의 가장 좋은 점은 실패할지도 모른다는 두려움을 완전히 없애준다는 사실이다. 이때는 자신에게 "내게는 충분한 밑천이 있어"라고 말할 수 있다.

여기서 말하는 '대승'이란 가장 힘든 적을 처치한 순간을 의미한다. 즉 가장 어려운 문제를 해결한 때다. 이 경우 자신감이 상승해 앞으로 치를 전투를 위한 밑천을 쌓을 수 있다.

이 방법은 다양한 영역에 응용이 가능하다. 예를 들어 공부에 어려움이 있다면 가장 힘든 과목을 먼저 극복한다. 수학이 가장 어려울 경우 수학공부에 많은 시간을 투자해보자. 일단 수학 성적이 오르면 자신감이 높아져 다른 과목 공부가 좀 더 쉬워진다. 회사에서 관리하기 어려운 부서가 있으면 먼저 그 문제부터 해결해보자. 그러면 부서 전체를 관리하기가 쉬워질 것이다.

· 두려울 때는 솔직하게 말하라 ·

Friedrich Wilhelm Nietzsche

모임에서 큰 인물을 만나거나 연단에 서서 사람들의 시선을 한 몸에 받아야 할 때 우리는 두려움을 느껴 긴장한다. 하지만 두려워할 필요가 없다!

항상 자신감 넘치던 기업가 혹은 정치가도 자신보다 높은 인물을 만나면 긴장해서 말을 더듬거나 손을 떨거나 표정이 굳는다. 늘 카메라 앞에 서는 연예인들도 중요한 시상식장에 서면 긴장해서 말을 더듬고 떠는 모습을 보인다.

사람이 어떤 장소에서 두려움을 느껴 긴장하는 것은 자연스러운 반응이다. 핵심은 긴장하지 않는 게 아니라 긴장에 얼마나 능숙하게 대처하느냐에 있다. 자신감이 넘치거나 영리하거나 경험이 많아 방법을 아는 사람은 긴장에 능숙하게 대응한다. 자신감과 경험은 단시간 내에 얻을 수 없지만 방법을 익히면 현실에서 충분히 활용할 수 있다.

말해야 할 때가 있었는가? 이는 반드시 말해야 할 때가 있었느냐는 의미다.
반드시 말해야 할 때 당신은 무얼 말할 것인가? 그저 자연스럽게 경험한 일이나 극복한 시련을 사실 그대로 말하면 된다.

왜 니체는 경험한 일이나 극복한 시련을 사실 그대로 말하라고 했을까? 화려한 거짓말로는 자신의 감정을 그대로 전달할 수 없기 때문이다. 사실을 말하지 않으면 얘기를 하면서도 '다음 말을 잊지 않을까?', '사람들이 내 말을 믿지 않으면 어떡하지?', '이렇게 표현하는 것이 적절할까?' 같은 걱정을 할 수밖에 없다.

반대로 자신이 경험한 일, 극복한 시련을 사실 그대로 말할 경우 직접 체험한 것이므로 문장을 잊거나 표현이 적절한지 고민할 필요가 없다. 오히려 감정의 도움까지 받아 두려움과 긴장이 사라진다. 더구나 사실 그대로를 말하면 진심이 청중에게 전달되어 공감을 얻을 수 있다. 자신을 지지해주는 청중의 눈빛과 표정이 보이면 진정제를 맞은 것처럼 두려움과 긴장감에 사로잡힌 마음이 위로를 받게 된다.

· 최악의 순간을 떠올려라 ·

Friedrich Wilhelm Nietzsche

　흔히 두려움은 감정이지 인식이 아니므로 두려움과 인식은 관련
이 없다고 말한다. 이는 알고 있다고 해서 두려움이 생기지 않는 건
아니라는 뜻이다. 이를테면 우리는 세상에 귀신이 없다는 것을 알
면서도 어둠 속의 공동묘지에 혼자 있는 걸 두려워한다.

　사실 두려움은 인식과 관련이 있다. 관련이 있는 까닭에 두려움
을 극복하는 이론에 의미가 있는 것이다. 그렇다면 인식을 활용해

두려움에 영향을 줄 수 있을까? 바로 최악의 순간을 떠올리는 방법이 있다. 니체는 다음과 같이 말했다.

사람은 강인함이 필요할 때 강인해진다. 가령 위대한 일을 하다가 실패했을 때 이것 때문에 그대 자신이 실패했는가? 그대 자신이 실패했다면 이것 때문에 인류가 실패했는가? 인류가 실패했다면, 좋다! 신경 쓸 필요가 없다. 그대는 반드시 스스로 화염에 들어갈 준비를 해야 한다. 잿더미가 되지 않고서야 어찌 새로 태어날 수 있겠는가?

우리는 중요한 일을 앞두고 실패할지도 모른다며 걱정한다. 하지만 무슨 상관이란 말인가? 아직 인생 여정이 끝나지 않았는데! 설사 내 인생이 모두 실패한들 어떠한가? 모든 인류가 실패한 것도 아닌데! 설령 모든 인류가 실패한들 또 어떠한가? 지구는 여전히 돌고 있는데!

우리가 일상생활에서 두려움을 느끼는 것은 대부분 잠시 자신에게 좋지 않은 영향을 미치는 것들 때문이다. 그런 것을 만난다고 인생 전체가 망가지는 것도 아니고 인류 전체가 해를 당하는 것도 아니다. 그러니 걱정하고 두려워할 필요가 없다.

모든 일에서 최악의 순간을 생각해보자. 화염에 뛰어들 준비를 하고 내가 지옥에 가지 않으면 누가 가겠느냐는 패기가 있어야 한다. 그러면 상당한 용기를 얻을 수 있다.

예를 들어 홀로 묘지에 갔을 때 최악의 상황은 귀신을 만나는 일이다. 그럼 생각을 잠깐 비틀어보자. 귀신이 그토록 강하고 무서운 존재라면 어째서 자신에게 원한을 남긴 사람에게 복수하지 못한 채 무고한 사람을 위협하는 것일까? 원한을 남긴 사람에게 복수하지 못하는 귀신이 강하면 얼마나 강하겠는가? 이렇게 생각하면 두려움이 줄어든다.

또 회사에 도움을 줄 아이디어가 있으면서도 그것을 선뜻 제안하지 못하는 경우를 생각해보자. 아이디어 제안으로 벌어질 최악의 상황은 사장에게 무시를 당하거나 회사에 손해를 끼쳐 퇴사하는 일이다. 그러나 퇴사할 경우 다른 곳에 취직하면 그만이다!

좋아하는 여성에게 고백할 때 최악의 상황은 거절당하는 것이다. 물론 거절당한 뒤에도 계속 좋아하는 마음을 표현할 수 있다. 역사를 보면 여러 차례 고백해서 성공한 사례가 많다! 완전히 거절당할지라도 세상은 넓고 여자는 많으니 실망할 필요는 없다. 다시 자신에게 맞는 짝을 찾으면 된다.

· 두려움을 무시하는 방법 ·

Friedrich Wilhelm Nietzsche

어린 시절 우리 집에 커다란 대추나무가 있었는데 그 나무에 가
지가 휘어지도록 열매가 영글었다. 5~6미터 높이의 가지에 주렁주
렁 매달린 열매는 가을이 깊어가면서 붉게 변해갔다. 그때 대추를
수확하려고 나무 위에 올라가면 아찔해지고 어지럽기도 했다. 나
는 최대한 아래를 내려다보지 않았다. 모든 시선과 정신을 열매를
따는 데만 집중했고 내려올 때도 아래가 아니라 손에 잡은 나무만

바라봤다.

우리가 두려움을 느끼는 대상은 헤아릴 수 없이 많다. 그중에는 용기로 극복하기 어려운 두려움도 있는데 이런 것은 굳이 극복하려 애쓸 필요가 없다. 무시하면 그만이다.

오랫동안 심연을 들여다보면 심연 또한 나를 들여다본다.

니체의 이 말은 어린 시절 내가 대추를 수확할 때 아래를 내려다보지 않은 이유와 일맥상통한다. 두려움의 심연과 마주했을 때 가급적 심연을 보지 말고 무시해야 한다. 그처럼 무시해도 두려움은 여전히 그 자리에 있지만 최소한 두려움의 영향은 받지 않는다. 더구나 두려움은 시간이 지날수록 줄어든다. 그러면 굳이 힘들게 극복하지 않아도 두려움에서 해방될 수 있다.

운명을 사랑하는 것은 내 인생의 원칙이다.
무슨 일이 생기든 나는 절대 두려워하지 않고
운명을 향해 걸어갈 작정이다. 나는 삶을 사랑하며
내 삶의 모든 사랑을 반드시 거쳐야 하는
운명적인 일에 부여할 것이다.

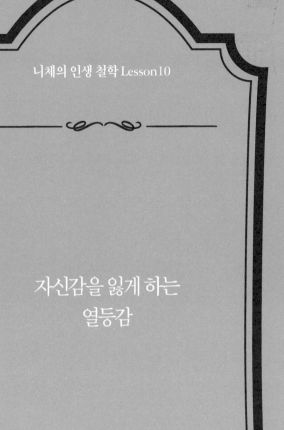

니체의 인생 철학 Lesson 10

자신감을 잃게 하는
열등감

Friedrich Wilhelm
Nietzsche

자신감은 기적을 만들기도 한다. 신이 레몬 하나를 주었을 때 자신감이 있는 사람은 적극 도전해 모두가 좋아하는 레모네이드를 만들지만 열등감에 사로잡힌 사람은 그러지 못한다. 열등감이 자신감을 눌러 힘을 쓰지 못하게 만들기 때문이다. 그래서 열등감에 사로잡힌 사람은 '나는 끝났어. 더는 희망이 없어. 이 레몬으로 무얼 할 수 있겠어?'라고 생각하며 좌절한다. 자신에게 레몬을 준 신을 원망하며 점차 열등감이 만들어놓은 암흑 속으로 빠져든다.

· 누구에게나 열등감이 있다 ·

Friedrich Wilhelm Nietzsche

성공한 사람들은 우리에게 자신감이 기적을 만들어낼 수 있음을 보여준다. 한 사람의 성공 수준은 그의 자신감이 얼마나 강한가에 따라 달라진다. 자신감이 강한 사람일수록 더 많은 성공을 거둔다.

이러한 자신감을 방해하는 것이 바로 열등감이다. 과연 성공한 사람에게는 열등감이 없을까? 그렇지 않다.

모든 인류는 자연의 속성을 지니고 있다. 이 속성은 그대가 외부의 요구에 본능적으로 응답하게 한다.

인류가 지닌 자연의 속성 중 하나가 열등감이다. 저명한 심리학자 알프레트 아들러Alfred Adler는 《아들러 심리학, 오늘을 살아갈 용기》에서 열등감과 우월감을 다루고 있는데, 정도만 다를 뿐 사람에게는 모두 열등감이 있다고 말한다.

인간이 열등감을 느끼는 이유는 무엇일까? 그것은 끝없는 욕망 때문이다. 인간은 어떤 환경에서도 자신의 욕망을 완전히 충족할 수 없다.

끝없이 광활한 우주에 비하면 우리는 보잘것없이 작은 공간에서 부대끼며 살아가는 셈이다. 시작도 끝도 없는 기나긴 시간에 비해 우리의 인생은 찰나에 불과하다. 순간적으로 왔다가 떠나는 나그네에 불과한 것이다. 옛날 막강한 권력을 휘두른 진시황과 한문제는 불로장생 영약을 얻어 시간을 정복하려 했다가 실패해 역사의 웃음거리로 남았다.

그 광활한 공간과 기나긴 시간이 열등감의 근원이다. 사람은 정복할 수 없는 우주와 시간 앞에서 열등감을 느낀다.

개인이 열등감에 휩싸이는 이유는 완벽한 사람이 될 수 없어서다. 학생의 경우 아무리 열심히 공부해도 반에서 늘 1등을 하기는 어렵다. 반에서 1등을 독차지할지라도 전교에서 항상 1등을 하기는 힘들다. 전교에서 1등을 놓치지 않는다고 전국에서 1등을 하는 것은 아니다. 그만큼 모든 욕구를 다 충족하기는 어려운 일이다.

최대한 양보해 전교, 전국 심지어 전 세계에서 성적이 가장 좋아도 열등감은 있다. 다른 문제가 있을 수 있기 때문이다. 가령 가정환경이 열악해 허름한 옷을 입고 다닌다면 부유한 학생 앞에서 열등감을 느낄 수밖에 없다. 집안이 부유하다고 열등감이 없는 건 아니다. 외모 콤플렉스가 있으면 성적이 좋고 집안이 부유해도 예쁜 사람 앞에서 열등감을 느끼게 마련이다. 설사 준수한 외모까지 갖췄더라도 늘 행복하고 즐거울 수는 없다. 인생이 언제나 순탄한 것은 아니다.

현실적으로 성적, 가정형편, 외모, 행복까지 모두 갖춘 사람은 드물다. 어떤 부분에서 콤플렉스가 있으면 그 방면에 뛰어난 사람을 볼 때 자연스럽게 열등감을 느낀다. 사람에겐 모두 장단점이 있으므로 평범한 사람이든 유명한 사람이든 모두 열등감이 있다.

여러 가지 재능을 갖추고도 과거시험에서 1등을 하지 못한 중국번은 1등으로 급제한 장지만張之萬을 보고 열등감에 사로잡혔다. 청나라 정치가 유용劉墉은 남다른 재주꾼이었으나 천재로 불린 기윤紀昀을 보고 열등감을 느꼈다. 중국번이나 유용처럼 역사적으로 유명한 위인도 열등감에서 벗어나지 못했다. 평범한 우리가 어찌 열등감에서 벗어날 수 있겠는가.

· 능력을 갉아먹는 열등감 ·

Friedrich Wilhelm Nietzsche

영화나 드라마에서 사건이 오리무중에 빠져 사건을 직접 목격한 증인의 말에 의지해야 할 때, 증인이 제대로 진술하지 않으면 그걸 보는 시청자는 속이 터진다. 증인이 좀 더 자신 있게 증언하길 바라기 때문이다.

이와 관련해 심리학 연구진이 실험 참가자들에게 납치 동영상을 보여주는 실험을 했다. 다음 날 심리학자들은 실험 참가자에게 어제 본 동영상 사건을 말해보라고 한 뒤 자신의 답변 신뢰도를 스스로 평가하게 했다. 이어 연구진은 대중도서에 나오는 상식을 알려준 다음 얼마나 기억하고 있는지 테스트하고 그 기억력의 신뢰도를 평가하도록 했다.

그 결과 납치 동영상 실험 답변은 자신감이 있는 사람과 없는 사람이 모두 정확한 반면, 상식 실험은 자신감이 있는 사람이 없는 사람보다 더 정확했다.

왜 이런 차이가 발생한 걸까? 일반 상식의 경우 의식적으로 기억한다. 따라서 기억력에 자신이 있는 사람은 의욕적으로 더 많이 기억하는 반면 자신감이 없는 사람은 의욕이 없어 적게 기억한다.

이와 달리 납치 장면 같은 범죄사건은 무의식적으로 기억하는 것이라 자신감에 영향을 받지 않는다. 그 결과 양측 모두 비슷한 정확성을 보인다.

위 실험을 심리학에서 '증인의 기억'이라 부른다. 이로써 우리는 열등감이 사람의 잠재의식에 영향을 미친다는 것을 알 수 있다. 스스로 '나는 할 수 없어'라고 생각하면 정말 하지 못한다.

대부분 많은 장점이 있음에도 불구하고 그것을 알지 못하는 현실이 무척 안타깝다. 실제로 당신은 어떤 일도 해낼 능력을 갖추고 있다. 이것은 당신을 격려하기 위한 말이 아니라 사실이다.

'나는 할 수 없어', '이런 상황에서는 절대 못할 거야' 같은 말을 하는 이유는 나태하거나 자신감이 없기 때문이다. 정말로 하고 싶어 하는 사람은 자신이 할 수 있다는 것을 알고 있다.

자신감이 일의 결과에 영향을 미치는 이유는 무엇일까? 스스로 할 수 없다고 생각할 경우 해결 방법을 찾는 데 집중하지 않기 때문이다. 실패한 뒤에는 상황이 좋지 않았다거나 불경기라거나 경쟁사 상품이 월등히 좋았다는 등의 핑계거리를 찾는다. 반대로 자신감이 있으면 적극적으로 해결 방법을 찾는다. 대담한 아이디어와 방법을 다양하게 활용하면서 문제를 해결해가는 것이다.

열등감은 자신의 능력을 갉아먹고 자신감은 기적을 만들어낸다는 사실을 기억하자.

· 열등감을 강한 자신감으로 바꿔라 ·

Friedrich Wilhelm Nietzsche

여기서 한 가지 문제를 풀어보자.

갑, 을, 병 세 아이가 엄마와 함께 사자를 보러 갔다. 사자우리 앞에 간 갑은 놀라 몸을 부들부들 떨며 엄마에게 당장 집으로 돌아가자고 말했다. 옆에 있던 을은 하얗게 질린 얼굴로 "나는 조금도 무섭지 않아!"라고 말했다. 병은 사자를 뚫어지게 바라보더니 바닥에 있던 돌을 집어 들었다.

세 아이 중 누구에게 열등감이 있을까? 사실 표현 방식이 달라서 그렇지 세 아이에게 모두 열등감이 있다.

열등감을 표현하는 방식은 매우 다양하다. 그중 가장 흔히 볼 수 있는 모습이 소심함이다. 이런 사람은 자신이 다른 사람보다 부족하다고 생각하기 때문에 사소한 것까지 신경 쓴다. 또 시끄러운 일이 생기면 거북이처럼 목을 움츠리고 상황을 관망할 뿐 절대 나서지 않는다.

저돌적인 유형도 있다. 도발하는 이들은 심지어 사소한 장난에도 발끈해 싸움을 벌이며 거칠게 행동해서 열등감을 숨기려 한다. 반대로 온화한 유형도 있다. 이 유형은 최대한 조용히 주류의 의견에 따르면서 자신의 신념과 견해를 포기한다. 이 밖에 현실을 직시할 용기가 없어서 술에 의지해 현실을 부정하는 유형과 불리한 상황에서도 대수롭지 않은 척 웃고 넘기는 낙천적인 유형도 있다.

이 중 저돌적인 유형은 자신도 힘들지만 다른 사람에게까지 피해를 줄 수 있다. 다른 유형도 불행하게 살 뿐 아니라 큰 성공을 거두기 어렵다. 니체는 다음과 같이 말했다,

> 강인한 사람이 되자! 진정으로 강인한 사람은 자신감을 유지하고, 상대방의 잘못을 과감히 용서하며, 상대방의 승리에 진심으로 찬사를 보낸다.

니체의 말대로 자신감이 있어야 성공하는 것은 물론 진정으로 인생을 즐길 수 있다. 또 진심으로 상대를 용서해야 사람을 미워하지 않고 승리자를 존경한다. 결국 열등감이 있는 사람은 강인한 사람이 되기 위해 노력해야 한다.

· 위로보다 격려는 열등감을 없애준다 ·

Friedrich Wilhelm Nietzsche

열등감은 두 가지 유형으로 나뉜다.

중국번이 장지만에게, 유용이 기윤에게 열등감을 느낀 것은 일시적인 열등감에 속한다. 자신이 어떤 면에서 다른 사람보다 부족할 때 느끼는 열등감은 다른 면에서 성과를 거두면 이내 사라지므로 큰 영향을 미치지 못한다. 그래서 일시적인 열등감이다.

중국번은 과거시험에서 장지만에게 뒤져 열등감을 느꼈지만 이미 양강총독兩江總督이자 상군湘軍의 통사統師 자리에 있었다. 더구나 그는 장지만의 한림원翰林院 선배라 후배 장지만에게 질투를 느낄 필요가 없었다. 거의 모든 사람에게 일시적인 열등감이 있지만 그 영향은 그리 크지 않다.

반면 일부에게만 있는 성격적 열등감은 일시적인 열등감과 달리 인생 전반에 영향을 미친다. 성격적 열등감은 주로 청소년기에 형성된다. 대체로 좋지 않은 성적, 신체 결함, 불우한 가정형편 같은 부정적 조건이 열등감의 씨앗을 심는다.

이 부정적 조건에 신경 쓰지만 않는다면 열등감은 생기지 않는다. 열등감의 씨앗은 주변 사람들의 무시와 비웃음을 스스로 의식할 때만 새싹을 틔우는 법이다. 어린 시절이나 청소년기에 형성된 성격적 열등감은 잠재의식에 깊이 뿌리를 내려 쉽게 사라지지 않으며 평생 영향을 미친다.

다소 부족한 점이 있어도 신경 쓰지 않으면 열등감은 생기지 않는다는 사실을 일찌감치 발견한 니체는 이렇게 말했다.

곤궁한 사람을 도와주는 가장 좋은 방법은 위로가 아니라 격려다.

만약 니체의 말이 이해가 가지 않는다면 영화 〈포레스트 검프 Forrest Gump〉를 생각해보자. 남자 주인공 포레스트는 다른 사람보다

지능이 낮아 평소 주변 사람들에게 비웃음을 당한다. 그에게 위로는 아무 소용이 없었고 그의 엄마는 끊임없이 할 수 있다고 격려해주었다.

엄마의 격려 덕분에 포레스트는 자신의 결점을 별로 의식하지 않으며 성장했다. 그 결과 그는 자신을 비웃는 사람들의 시선을 꿋꿋이 이겨낸 끝에 정상인보다 더 큰 성공을 거뒀다.

만약 포레스트가 괴롭힘을 당할 때 엄마가 격려보다 위로를 해줬다면 어떻게 되었을까? 포레스트가 열등감 없이 성장할 수 있었을까? 당연히 그럴 수 없었을 것이다! 상처받은 마음에 위로는 아무런 소용이 없다!

비웃음이나 괴롭힘을 당하는 아이를 보면 위로보다 격려를 해주자. 아이의 마음속에 열등감의 씨앗이 자라지 않도록 해주자!

· 열등감을 강점으로 만들어라 ·

Friedrich Wilhelm Nietzsche

　북송시대 시인 소동파는 항저우杭州에 있는 서호西湖를 감상하며 "서호를 서시에 견준다면 옅은 화장이나 짙은 화장이나 모두 아름답다"라고 말했다. 남송시대 시인 임승林升은 "산 밖에 푸른 산이 있고 누각 밖에 또 누각이 있네. 서호의 노래와 춤은 언제 끝나려나"라며 남송왕조가 조그마한 영토에 만족하는 모습을 에둘러 비판했다. 한편 원나라의 조맹부趙孟頫는 "서호를 향해 노래를 부르지 마

　　　　　　　　　　　　　 니체의 인생 철학 Lesson10

오. 물빛과 산색도 모두 슬픔을 이기지 못하네" 하며 영웅의 죽음을 애통해하는 시를 남겼다.

이들은 모두 각기 다른 시기에 서로 다른 감정으로 서호를 이야기했다. 당나라 시인 백거이白居易도 마찬가지다. 그는 시 〈전당호춘행錢塘湖春行〉에서 "가장 좋아하는 호수 동쪽은 아무리 가도 부족하고, 푸른 버드나무 그늘이 백사제에 뻗어 있네"라는 문장으로 봄날 서호를 유람한 기쁨을 표현했다. 또한 항저우를 떠날 때는 시 〈서호유별西湖留別〉에서 "이곳저곳 고개를 돌려 바라보니 모두 미련이 남지만, 그중에서도 서호를 떠나는 게 가장 어렵다"라며 아쉬움을 토로했다. 항저우를 떠나 쑤저우蘇州에 부임할 때도 〈항주회방杭州回舫〉이란 시를 지어 "이 마음을 돌아가는 배편으로 서호의 풍월도 알게끔 전하려 하오"라고 서호를 향한 그리움을 노래했다. 이처럼 대상은 마음에 따라 그 평가가 달라진다.

사람은 항상 주변의 많은 일을 대면한다. 이런 일은 당신이 그것을 어떻게 대하는가에 따라 가치가 달라진다.

열등감은 자신의 결점에 신경 쓸 때 생긴다. 자신의 감정과 견해를 바꿔 결점에 연연하지 않으면 열등감은 생기지 않는다. 어떻게 해야 감정과 견해를 바꿀 수 있을까? 먼저 자신의 결점을 외면하지 말고 용감하게 인정해야 한다. 그리고 완벽한 사람은 없으므로 결점을 너무 심각하게 생각하지 않는다.

자신과 같은 결점을 안고도 성공한 사람의 이야기를 찾아보는 것도 좋다. 가령 자신의 머리가 나쁘다면 영화 〈포레스트 검프〉를 보고, 가정형편이 불우해 친구들에게 놀림을 당한다면 리즈 머리Liz Murray의 사연을 담은 책 《길 위에서 하버드까지》를 읽어보자. 신체적으로 결점이 있을 때는 장애인 운동선수들의 이야기를 읽자.

생각을 바꾸면 자신의 모든 결점이 하찮다는 것을 알 수 있다. 고대 그리스의 철학자 소크라테스는 외모가 굉장히 못생겼다고 한다. 그는 대머리에 눈은 돌출되었고 코는 들창코였다. 하지만 소크라테스는 자신의 외모를 말하면서 이보다 더 실용적인 외모는 없을 거라며 자부심을 보였다.

그는 자신의 큰 머리는 더 많은 지혜를 담게 하고, 처마처럼 툭 튀어나온 눈썹은 비를 막아줘 눈이 상하지 않게 하고, 큰 귀는 더 잘 듣게 하고, 하늘로 향한 콧구멍은 콧물로 거리를 더럽히지 않게 하고, 큰 입은 많이 먹고 빨리 말하게 해준다고 말했다.

소크라테스는 자신의 못생긴 외모에 열등감을 느끼기는커녕 긍정적으로 평가했다. 이처럼 생각을 바꾸면 결점을 안고도 얼마든지 열등감에서 벗어날 수 있다.

· 나를 무너뜨릴 수 없다 ·

Friedrich Wilhelm Nietzsche

　예전에 나는 중국 무협드라마 〈루샤오펑陸小鳳〉을 보다가 화만
러우花滿樓에게 깊은 인상을 받았다. 부잣집 공자인 그는 앞을 볼 수
없었지만 좌절하지 않고 정상인도 배우기 힘든 무공을 단련했다.
그뿐 아니라 뛰어난 청력으로 정상인을 능가하는 실력을 보여주는
동시에 후각도 굉장히 민감했다.

　그중 가장 인상 깊었던 것은 늘 온화함과 부드러움을 유지하는

능력이었다. 그는 해질 무렵 노을의 아름다움은 감상하지 못했으나 홀로 꽃향기를 맡고 시원한 바람을 쐬면서 해질 무렵의 평온함을 만끽할 줄 알았다. 시각장애인이 정상인도 이루기 힘든 경지에 오른 것이 무척이나 인상 깊었다.

실제로 우리 주위에는 장애에 좌절해 집 안에 갇혀 세상을 원망하기보다 용감히 도전해 정상인을 뛰어넘는 능력을 기른 사람이 꽤 있다. 예를 들어 시각장애인 중에는 남보다 청력이 뛰어난 사람이 많다. 또 한 쪽 팔을 잃은 장애인 중에는 정상인과 같은 기술을 익힌 사람도 있다. 걸을 수는 없어도 남보다 뛰어난 재주를 익혔거나 왜소하지만 가벼운 몸으로 정상인이 하지 못하는 일을 하는 장애인도 있다.

이들은 자신의 장애를 극복하기 위해 신체의 다른 부분으로 자신만의 특별한 능력을 계발한 것이다. 심리학자 아들러는 이러한 현상을 '우월감과 열등감'이라고 표현했고 니체는 다음과 같이 말했다.

그것은 당신을 죽일 수 없고 당신을 더욱 강인하게 바꿔놓는다!

현실을 보자면 어떤 이는 자신의 결점 때문에 죽음을 선택한다. 갑작스레 장애를 얻은 사람 중에는 자살을 선택하는 사람이 적지 않다. 물론 장애를 딛고 당당히 살아가는 장애인의 의지력은 분명 정상인보다 강하다. 그들은 자신의 장애를 극복하기 위해 정상인보다 더 많이 노력한다. 덕분에 종종 정상인보다 더 뛰어난 업적을 쌓기도 한다.

시각장애인 가수 아빙阿炳, 청력을 잃은 음악가 베토벤, 걸을 수 없었지만 뛰어난 작품을 남긴 작가 스톄셩史鐵生, 소아마비를 앓은 대통령 루스벨트, 신체 변형으로 말도 하지 못하고 손가락 세 개만으로 뛰어난 업적을 남기며 《시간의 역사》를 저술한 스티븐 호킹, 청각과 시각을 잃었음에도 전 세계에 희망을 전한 헬렌 켈러가 대표적이다.

신체, 지능, 아니면 다른 방면에서 부족한 점이 있어도 자포자기하면 안 된다. 아무리 불행한들 신체 변형으로 말도 하지 못한 스티븐 호킹이나 청각과 시각을 모두 잃은 헬렌 켈러만큼은 아니지 않은가?

이들은 심각한 장애에도 불구하고 좌절하지 않고 뛰어난 성과를 이뤄냈다. 그러니 우리가 열등감에 사로잡혀 자포자기할 필요가 있을까?

·죽음의 위협을 내던져라·

Friedrich Wilhelm Nietzsche

영화 〈여인의 향기〉에 나오는 미군 특수부대 중령 출신 슬레이드는 능력이 출중해 대통령의 참모 역할을 할 정도로 전도유망했다. 그에 걸맞게 자만하던 그는 예기치 않은 사고로 실명하고 과거의 영광을 모두 잃어버린 채 조카의 집 뒤편에 있는 공간에서 홀로 생활했다.

좌절한 그는 자살하기로 결심하지만 그를 임시로 돌봐준 찰리는 이를 저지했다. 사실 찰리도 힘겨운 상황에 놓여 있었다. 가정형편이 좋지 않아 장학금을 받고 학교에 다니던 그는 교내에서 벌어진 말썽에 휘말려 퇴학당할 위기에 처했던 것이다.

둘이 함께 지내는 동안 슬레이드는 정의감을 드러내며 자기 의견을 굽히지 않는 찰리에게 호감을 느꼈다. 어느덧 두 사람 사이에는 부자의 정이 싹텄고 슬레이드는 자살을 포기하고 찰리의 학교로 찾아가 찰리를 위해 변호를 했다.

그렇게 슬레이드는 뛰어난 연설로 찰리를 도왔고 자신도 새로운 삶을 얻었다. 연설을 하면서 비록 자신은 눈이 멀었지만 여전히 아름다운 것을 많이 갖고 있음을 깨달았기 때문이다. 연설로 전교생에게 존경 어린 박수를 받은 그는 이후 정치학 교수와의 대화로 자신에게 매력이 남아 있음을 알았다.

이로써 슬레이드는 아직 자신이 세상에 기여하는 것은 물론 사람들의 존경도 받을 수 있음을 깨닫고 다시 살아갈 용기를 냈다.

삶이란 무엇인가? 삶은 끊임없이 다가오는 죽음의 위협을 내던지는 것이다.

죽음의 위협을 어떻게 내던져야 할까? 슬레이드 이야기는 우리에게 관심의 초점을 바꿔야 한다고 말해준다. 실명한 뒤 슬레이드는 하루 종일 과거의 영광 속에 갇혀 살아갔다. 그는 실명한 자신은 쓸모없는 존재이고 시각장애인을 좋아하는 사람은 없으며 친척들의 관심도 동정일 뿐이라고 생각했다.

그렇게 그는 희망을 잃었고 결국 자살을 결심했다. 하지만 연설을 한 뒤 자신이 여전히 의미 있는 일을 할 수 있는 환영받는 존재임을 깨닫고 열등감에서 벗어났다.

다가오는 죽음의 위협을 내던지라는 니체의 말은 사실 어렵지 않다. 불행이 닥쳤을 때 종일 '왜 내게 불행이 찾아온 거지?'라고 생각하며 의기소침해하지 말고 조건이 허락하는 선에서 그림, 글쓰기, 수집 같이 자신이 좋아하는 일을 해보자. 좋아하는 일을 하다 보면 자신도 모르는 사이에 열등감에서 벗어나고 좋은 성과도 거둘 것이다.

· 자신을 믿고 대담해져라 ·

Friedrich Wilhelm Nietzsche

열등감이 있는 사람은 대중 앞에서 말하는 게 힘들다고 말한다. 예를 들어 회사에서 회의를 할 때 열등감이 있는 사람은 좋은 아이디어가 있어도 침묵한다. 모두가 아는 아이디어일 수도 있다고 생각하거나 비웃음을 당할지도 모른다고 여기기 때문이다.

또 열등감이 있는 사람은 미루는 것을 좋아한다. 자신의 아이디어가 좋다는 확신이 있어도 다른 동료들의 발표가 끝날 때까지 미룬다. 하지만 그렇게 동료들의 발표를 듣다 보면 자신감을 잃어버려, 아이디어를 다시 정리해 다음 회의 때 발표해야겠다며 미룬다. 열등감을 극복하지 못할 경우 다음 회의에서도 발표하지 않을 가능성이 크다. 열등감이란 독약이 온 마음에 퍼져 자신감을 잃어버린 탓이다.

어떻게 해야 열등감을 극복할 수 있을까? 니체의 말을 들어보자.

자신의 가치와 주장을 굳게 믿고 대담하게 언어로 명확히 말하라.
대중 앞에서 자신의 신조, 의향 또는 의지를 조금도 숨김없이 말해야
한다.

여기에는 두 가지 의미가 있다. 하나는 자신의 가치 · 주장 · 신조 · 의향 · 의지가 옳다는 걸 믿고 의심하지 말라는 것이고, 다른 하나는 이것을 대중 앞에서 자신 있게 조금도 숨김없이 말하라는 것이다.

회의에서 온갖 핑계를 대며 발표를 미루는 사람은 니체의 이 말을 좌우명으로 삼아야 한다. 좋은 아이디어가 있으면 그 가치를 믿고 발표해보자. 비웃음을 당할까 봐 두려워하며 포기하지도 말고 가장 좋은 시기를 기다리며 미루지도 않아야 한다.

자신감이 있는 사람은 좋은 시기를 기다려도 괜찮지만 열등감에

빠진 사람은 기다려서는 안 된다. 자칫 발표를 미룰 핑계만 대다가 끝날 수 있기 때문이다. 마지막까지 기다리지 말고 발표하고 싶을 때 바로 해야 한다. 설사 시기가 좋지 않거나 준비가 부족하더라도 말이다. 열등감이 있는 사람에게 침묵을 깨고 대중 앞에 용감히 나서는 것만큼 중요한 건 없다. 이런 대담한 행동은 무엇과도 비교할 수 없는 위대한 진전이다.

'대담한' 행동은 자신감이 닫혀 있던 마음으로 들어가도록 문을 열어준다. 그동안 마음을 지배하고 있던 열등감을 극복하고 자신감을 회복하게 해준다.

두려워하는 일에 대담하게 도전해보자. 이를테면 좋아하는 이성에게 말을 걸어보고 자신이 없어서 미뤘던 아이디어도 발표해보자. 용감하게 한 발 내딛는 게 어려울 뿐이지 그다음은 쉽다. 몇 차례 두려운 일에 도전해보면 열등감이 사라지면서 점차 쉽게 느껴진다. 그리고 과거에 자신이 두려워한 일이 실은 별것 아니었음을 발견한다.

· 내 운명을 사랑하라 ·

Friedrich Wilhelm Nietzsche

1920~1930년대 영국의 어느 작은 마을에 사는 한 여성의 이야기이다. 그녀는 어려서부터 엄격한 교육을 받았다. 그녀의 아버지는 딸에게 어떤 일을 하든 반드시 최고여야 하고 절대 다른 사람 뒤에 있지 말라고 가르쳤다.

그 여성은 아버지의 '엄격'한 지시를 그대로 따랐다. 그녀는 교실에서든 회의장에서든 항상 맨 앞줄에 앉았고 심지어 버스에서도 그렇게 했다. 그로부터 40년 뒤 그녀는 세계적으로 주목받는 스타 정치인에 올랐고 1979년 영국 최초로 여성 수상이 되었다. 그녀는 바로 11년 동안 영국 수상으로 있으면서 '철의 여인'이라 불린 마거릿 대처다.

> 운명을 사랑하는 것은 내 인생의 원칙이다.
> 무슨 일이 생기든 나는 절대 두려워하지 않고 운명을 향해 걸어갈 작정이다. 나는 삶을 사랑하며 내 삶의 모든 사랑을 반드시 거쳐야 하는 운명적인 일에 부여할 것이다.

왜 니체는 이런 말을 했을까? 왜 삶의 모든 사랑을 반드시 거쳐야 하는 운명적인 일에 부여하겠다고 말했을까? 이는 감정이 행동에 영향을 주듯 행동도 감정에 영향을 주기 때문이다.

마거릿 대처처럼 맨 앞줄에 앉으면 교사, 회의진행자 같은 중요한 인물과 가까워질 수 있다. 이때 공간이 주는 두려움은 자연스럽게 사라진다.

맨 앞줄에 앉는 것처럼 행동으로 열등감을 극복하는 방법은 많다. 흔히 열등감이 있는 사람은 상대를 정면으로 바라보지 못하지만 시선을 피하면 상대는 무언가 켕기는 것이 있어서 자신을 피한다고 의심할 수 있다. 그러니 열등감이 있어도 용기를 내 상대방의 눈을 바라보며 자기 마음을 숨김없이 드러내야 한다. 상대방의 눈을 바라보면 신뢰를 얻을 뿐 아니라 자신감도 상승한다.

만약 어떤 일에 자신이 없고 두려워서 도망치고 싶다면 군인을 떠올려보자. 군인은 힘겨운 훈련을 할 때나 죽음의 그림자가 드리운 전선으로 향할 때 고개를 들고 씩씩하게 걸어간다. 그런 행동으로 자신의 마음속 잡념을 억누르는 것이다.

군인처럼 가슴을 활짝 펴고 고개를 들어 앞을 보며 당당히 걸어가자. 그러면 마음속 열등감, 두려움, 상처에서 벗어날 수 있다.

· 마음에 정확한 암시를 건다 ·

Friedrich Wilhelm Nietzsche

어느 청년은 작가가 꿈이었지만 가정형편이 좋지 않아 제대로
된 교육을 받을 수 없었다. 사람들은 청년에게 꿈을 포기하라고 했
으나 그는 문장 실력을 키우기 위해 두꺼운 사전을 구입한 뒤 '불가
능'이라는 단어를 모두 가위로 오려냈다. 그렇게 그는 '불가능'이란
단어가 없는 사전을 보며 열심히 문장력을 갈고닦았다.

이 청년이 바로 자기계발의 선구자라 불리는 나폴레온 힐이다.

그는 세계적인 베스트셀러 작가로 지금도 수많은 독자가 그의 책에서 감명을 받고 있다. 나폴레온 힐은 왜 사전에서 '불가능'이란 단어를 모두 오려냈을까? 바로 자기암시를 위해서다.

"헉, 이건 할 수 없는 일이야!"
어떤 일이 생겼을 때 이렇게 말하는가? 만약 그렇다면 당신은 이미 포기를 선택한 셈이다.
당신의 능력으로 할 수 없는 일이라고? 그런 마음가짐이면 앞으로 발생하는 모든 일이 당신을 스쳐 지나갈 가능성이 크다. 결국 당신은 강물이 기뻐하는 모습을 바라보기만 하는 강가의 작은 돌로 변하고 만다. 반면 태도를 바꿔 일이 생겼을 때 자기 일로 받아들이면 그 일이 순식간에 당신과 연결되면서 삶이 의미 있게 변하고 인생도 자기 일로 수용한다.

니체는 여기서 자기암시의 중요성을 언급했다. 일할 때 나오는 마음의 소리는 자신의 감정뿐 아니라 일의 성공에도 영향을 미친다. 그렇기에 긍정적 자기암시는 열등감을 극복하고 자신감을 기르는 데 도움을 준다. 그러니 적극적인 말로 자신에게 여지를 남기지 말자.

동료가 회의에서 발표할 거냐고 물으면 "응, 할 거야"보다 "당연히 해야지. 내가 아니면 누가 하겠어!"라고 말해보자. 친구가 좋아하는 여자에게 고백할 거냐고 물을 때도 "그럼, 해야지"보다 "반드시 할 거야. 분명 저 여자도 내게 반할 걸!"이라고 말하자.

덧붙이자면 가급적 긍정적인 표현을 사용하는 것이 좋다. 지인이 컨디션을 물어볼 때는 "아주 좋아! 이보다 더 좋을 순 없어!"라고 해보자. 동료가 할 수 있는 일이냐고 물을 때도 "당연하지! 굉장히 간단한 일이잖아!"라고 말해보자. 그 밖에 투지를 잃게 하는 '어차피(나중에도 기회는 있으니까)', '아무튼(오늘 컨디션이 좋지 않아서)' 같은 단어는 사용하지 않아야 한다.

허물을 벗지 않는 뱀은 결국 죽고 만다. 사람도 마찬가지다.
낡은 생각의 허물을 탈피하지 못하면 성장하지 못할 뿐 아니라
내부에서부터 썩어 들어가 결국 죽게 된다.
환골탈태하려면 반드시 생각도 신진대사를 해야 한다.

니체의 인생 철학 Lesson11

실패가 주는 교훈

Friedrich Wilhelm

Nietzsche

'실패'는 대자연의 계획이다. 대자연은 실패로 인류를 시험함으로써 마음속 찌꺼기를 말끔히 씻어내고 더 강인하게 만들며 인생을 충분히 준비하게 한다. 그래서 "실패는 성공의 어머니"라고 하지만 그 실패라는 어머니가 반드시 성공이라는 자식을 낳는 건 아니다. 오히려 실패는 대부분 실패로 끝난다. 실패를 밑거름으로 삼아 성공하는 사람은 극소수에 불과하다.

· 실패는 소중한 자산이다 ·

Friedrich Wilhelm Nietzsche

명나라 시대 후베이湖北에서 신동이 태어났는데 열 살 때 육경(시경, 서경, 예기, 악기, 역경, 춘추)을 통달한 그 아이는 열두 살 때 수재秀才에 합격했다. 그리고 열세 살에 향시鄕試에 지원했다. 신동의 재능이 향시에 충분히 급제할 정도라 후베이 각지에서는 열세 살 급제자가 나오기를 기다렸다.

그런데 어찌된 일인지 신동의 답안지는 감독관의 찬탄을 받기에 충분했음에도 불구하고 시험에 낙방했다. 알고 보니 후베이 순무巡撫로 부임한 고린顧璘이 시험 결과가 어떻게 나오든 신동을 등용할 수 없다고 통보한 탓이었다.

고린은 신동이 미웠던 걸까? 그렇지 않다. 고린은 신동이 뛰어난 인재라는 사실을 알고 있었지만 어린 나이에 향시에 급제할 경우 자만해질까 우려했다. 그는 신동이 좌절을 밑거름 삼아 더욱 분발하면 분명 큰 인재가 될 것이라고 확신했다.

고린의 이 생각은 정확했다. 향시에 낙방한 신동은 더욱더 공부에 매진했고 3년 뒤 마침내 향시에 급제했다. 훗날 높은 관직에 올라 최고의 중신이 된 그는 바로 명나라를 개혁한 장거정이다. 순탄한 삶에 던져진 실패는 소중한 자산이다.

> 살다 보면 계속해서 난관을 만난다. 누군가는 난관에 패배하고 또 누군가는 난관을 성장의 거름으로 삼는다. 후자는 난관을 만나도 상관없고 순탄하지 않아도 괜찮다. 설령 불공정한 대우를 받아도 상처받지 않는다. 그들에게 난관은 뛰어난 인물로 거듭나게 해주는 촉매제다.

니체의 이 말은 신동 장거정의 사례와 일치한다. 장거정은 고린이 안겨준 좌절을 성장의 밑거름으로 삼아 결국 성공했다. 반대로 젊은 시절 좌절을 겪지 않은 사람은 나중에 한 번의 좌절로도 무너지는 경우가 많다. 장거정과 함께 명대 '3대 신동'이라 불린 당인唐寅과 서위徐渭처럼 말이다. 젊은 시절 순탄하게 성장한 두 사람은 중년에 만난 좌절을 극복하지 못했고 결국 불운한 말년을 보냈다.

장거정도 그걸 알았던지 자신에게 좌절을 알려준 고린에게 항상 고마워했다. 말년에 그는 당시 일을 언급하며 고린의 은혜를 잊은 적이 없다고 말한 바 있다.

장거정 같이 재능을 타고난 '신동'도 좌절을 겪고 나서야 뛰어난 인물이 될 수 있었다. 그러니 우리처럼 평범한 사람은 더욱더 좌절의 가치를 중요시해야 한다. 좌절을 만나면 한 가지만 기억하자. 쉼 없이 돌아가는 운명의 수레바퀴 속에서 지금의 힘겨운 좌절은 훗날 성공의 열매로 돌아오리라는 걸 말이다.

· 모든 실패가
성공의 어머니가 되는 건아니다 ·

Friedrich Wilhelm Nietzsche

　‘실패는 소중한 재산이다’, ‘실패는 성공의 어머니다’ 같은 말을
자주 접해서 그런지 우리는 실패가 성공을 불러온다고 생각한다.
하지만 꼭 그런 것은 아니다.

　성공의 어머니인 실패가 성공이라는 자식을 낳기 위해서는 몇 가
지 조건이 필요하다. 그런 이유로 사실은 실패를 밑거름으로 삼아
성공하는 사람이 극소수에 불과하다. 대개는 실패에서 끝이 난다.

'이유'를 분명히 알면 문제는 간단해진다. 문제해결 방법은 눈앞에 있으니 굳이 다른 사람을 모방하며 시간을 낭비할 필요가 없다. 당신은 앞에 펼쳐진 자기 길을 걸어가기만 하면 된다.

이 말은 실패 이후 무엇이 문제인지 알면 뚜렷한 목표 아래 실패에서 벗어나 성공의 길을 걸어갈 수 있다는 의미다. 실패를 경험한 뒤 사람들이 보이는 반응은 다음과 같이 정리할 수 있다.

첫 번째 유형은 실패를 극복하지 못하고 좌절하는 경우다. 이것은 흔한 유형으로 평소 강인해 보이던 사람도 한 번의 실패에 무너지는 사례가 많다.

과거에 실력이 출중했던 한 탁구선수가 중요한 경기에서 자신보다 실력이 낮은 선수에게 패배했다. 충격을 받아 자신감을 잃은 그는 이후에도 계속 성적이 좋지 않았고 결국 은퇴할 나이가 아님에도 갑자기 은퇴를 선언했다.

두 번째 유형은 좌절을 겪은 뒤 무너지지 않고 용감히 나아가는 경우다. 그 도전정신은 가상하지만 안타깝게도 이런 유형은 반성하지 않는다. 실패의 원인을 알지 못하면 실패를 성공의 밑거름으로 삼을 수 없다.

명나라 숭정제崇禎帝는 중국 역사에서 가장 노력한 황제로 유명하다. 그가 형 천계제天啓帝에게 황권을 물려받았을 때 명나라는 이미 쇠퇴하던 중이었다. 숭정제는 명나라 부흥을 원했으나 무엇이 문제인지 알지 못했다. 그래서 그는 실패를 겪을 때마다 대신들을 탓했다. 재위 17년 동안 재상만 50번 이상 교체하고 원숭환袁崇煥을 비롯한 유능한 대신과 장군을 죽였다. 그 바람에 명나라는 마침내 돌이킬 수 없는 망국의 길로 들어섰다.

세 번째 유형은 실패 이후 상황을 분석해 문제점을 찾아내고 조정해 성공하는 경우다.

《삼국연의》에 나오는 유비는 초기 10년 동안 이곳저곳을 떠돌며 여러 제후에게 의탁할 뿐 세력을 기르지 못했다. 그러던 중 수경水鏡 선생의 조언을 듣고 자신에게 책사가 부족하다는 걸 깨달은 그는 삼고초려로 제갈량을 영입해 촉나라 황제가 되었다.

이들 세 유형을 보면 실패가 성공의 어머니가 되려면 두 가지 조건이 필요하다는 것을 알 수 있다. 하나는 실패를 겪어도 무너지지 않을 용기다. 다른 하나는 니체가 말했듯 문제의 원인을 찾으려는 자세다. 위 사례에 나오는 탁구선수에게는 용기가 부족했고 숭정제는 용기는 있었으나 실패의 원인을 찾지 못했다. 마지막으로 유비는 용기도 있고 실패한 원인도 알았기에 성공할 수 있었다.

만약 두 가지 조건을 모두 충족하지 못하면 실패는 절대 성공의 어머니가 될 수 없다.

· 뛰어난 사람이 반드시
성공하는 건 아니다 ·

Friedrich Wilhelm Nietzsche

우리 주위에는 언제나 뛰어난 사람이 존재한다. 흔한 예로 어린 시절에는 부모에게 잔소리를 들을 때마다 옆집 아이와 비교를 당한다. 학교에서도 교사에게 다른 누군가를 본받으라는 말을 듣는다. 사회에 진출한 뒤에는 친구나 동기에게 누가 좋은 회사에 들어가 높은 연봉을 받으며 승승장구하고 있다는 말을 듣는다.

어쩌면 우리는 평생 '누군가'의 그늘 속에서 사는지도 모른다. 부모, 교사, 친구, 동료는 그 '누군가'를 우리가 부족하다는 것을 증명하는 도구로 사용한다. 그렇지만 나중에 보면 우리가 그토록 부러워하고 질투한 '누군가'가 예상한 만큼 성공하는 것은 아니다. 심지어 우리가 '재능이 없다'고 평가하던 사람보다 못살기도 한다. 왜 이런 상황이 벌어지는 걸까?

일찌감치 좋은 성과를 거둬 주변의 칭찬을 받는 사람은 거만해지기 십상이다. 그러면 올바른 가치관을 잊고 연장자와 착실하게 노력하는 사람을 향한 존경을 망각한다. 또한 이들은 성숙의 의미를 잃어버리고 자연스럽게 성숙을 유지하는 문화 환경에서 이탈한다.
그 탓에 다른 사람들이 시간의 흐름에 따라 나날이 성숙하고 내공을 쌓을 때 이들은 함께 성장하지 못한다. 그들은 과거의 성과와 영광에 매몰되어 여전히 그 모습만 유지한다.

만약 과거에 뛰어난 누군가로 불린 사람이라면 니체의 말처럼 퇴보하지 않도록 조심해야 한다. 이미 그런 상태일 경우 자만하고 독선적이던 과거를 빨리 반성해야 한다.

학창 시절에는 뛰어난 성적을 거두며 자만하는 것이 매력으로 보일 수도 있다. 그러나 경쟁사회에서 먼저 성공한 선배들은 자만하는 후배를 좋아하지 않는다. 물론 자만하는 후배도 그런 선배를 좋아하지 않겠지만 사회에서 성공의 열쇠는 선배가 쥐고 있다. 선배뿐 아니라 자신보다 실력은 낮아도 성공에 영향을 미치는 동료 역시 자만하는 사람을 좋아하지 않는다.

자만하는 사람은 고립당하기 십상이다. 이들은 "도를 지키는 사람을 돕는 경우는 많아도 도를 잃은 사람을 돕는 경우는 적다"는 말을 기억해야 한다. 자만하는 사람은 아무리 뛰어난 능력을 갖춰도 성공하기 어렵다.

니체의 말에는 뛰어난 사람일수록 자기세계에 갇히기 쉽다는 의미도 담겨 있다. 다른 사람이 조금씩 전진하고 있을 때 과거의 아름다운 추억 속에 갇혀 있기 때문이다. 이들은 보통 자신보다 못하던 사람에게 패배한 뒤 스스로를 반성하지 않고 오히려 사회를 원망하거나 자신에게 기회를 주지 않은 운명을 원망한다.

이들은 영광스럽던 과거를 추억하고 이야기하길 좋아하지만 현실에서 도피해 과거의 영광 속에서만 산다고 무너진 자존심을 회복할 수 있는 것은 아니다. 지나간 과거로 무너진 자존심을 회복할 수는 없다. 오히려 주변 사람들에게 비웃음을 당할 뿐이다. 현재 자신이 이룬 성과만 자존심을 지켜준다.

더러 뛰어난 사람 중에는 아직 기회가 찾아오지 않아 성공하지 못하는 경우도 있다. 이들은 기회만 잡으면 성공하리라는 기대를 품는다. 자신에게 아직 기회가 오지 않았다는 걸 어떻게 확신하는 걸까?

· 실패를 극복하는 방법 ·

Friedrich Wilhelm Nietzsche

"실패는 좋은 것"이라고 말한 니체는 심지어 실패를 인생의 '선물'에 비유했다. 실패가 더 분발하게 하고 성숙하도록 이끌며 더 큰 성공을 거두도록 돕는다는 의미다. 성공한 사람들의 사례를 보면 우리는 이 말이 사실임을 알 수 있다.

문제는 실패를 겪을 경우 대부분 그것을 선물로 여기지 않고 고통스러워한다는 데 있다. 실제로 실패는 우리를 고통스럽게 한다.

행복하던 삶을 빼앗고 배우자가 떠나게 하며 사회적 지위를 잃게 만드니 말이다. 실패는 마음속 희망을 절망으로 바꿔놓고 현실을 지옥으로 만든다.

만약 실패했을 때 우리는 어떻게 해야 할까?

겪어야 하는 고통과 고난에서 무작정 도망치거나 고난을 내버려두고 무시하면 자기 삶의 능력만 약해지고 만다.

실패를 만났을 때 도망치면 안 된다. 자기 '삶의 능력이 약해지기' 때문이다. 무작정 도망치거나 무시하지 말고 실패를 다른 관점으로 생각해보자. 가령 '일시적인 좌절'로 여기자. 실패는 부정적으로 느껴지지만 '일시적인 좌절'은 중립적이자 약간 긍정적으로 여겨진다. 긴 인생 여정에 잠깐 스쳐 지나가는 좌절이라면 이겨낼 수 있지 않을까?

발명가 에디슨은 전구를 발명할 때 무려 1만 4천 번 넘게 실패한 끝에 성공했다. 한번은 어느 젊은 기자가 그에게 물었다.

"전구를 발명하기까지 1만 번 넘게 실패했다고 들었습니다. 그때 무슨 생각을 하셨나요?"

에디슨은 실패를 바라보는 시각을 가볍게 바꿔버렸다.

"젊은 기자 양반, 이제 막 인생 여정을 시작한 것 같은데 내가 도움이 될 만한 얘기를 해드리죠. 사실 나는 1만 번 넘게 실패하지 않았다오. 그저 1만여 개의 안 되는 방법을 발견했을 뿐이오.”

실패를 '일시적인 좌절'로 부르든 아니면 '안 되는 방법'으로 부르든 그건 중요치 않다. 목적은 실패를 바라보는 시각을 바꿔 부정적인 마음을 긍정적으로 전환하는 데 있기 때문이다. 좌절과 맞닥뜨렸을 때 긍정적으로 생각한다고 반드시 성공하는 것은 아니다. 그렇지만 성공을 향해 걸어가도록 힘을 북돋워주기는 한다.

· 무엇이 우리를 치유하는가 ·

Friedrich Wilhelm Nietzsche

　좌절의 종류는 헤아릴 수 없이 많다. 파산, 실연, 수감처럼 파장이 엄청난 좌절을 만났을 때는 마치 풍랑에 휩쓸린 돛단배처럼 순식간에 침몰한다. 그때는 어둠 속에 갇힌 것처럼 슬픔, 절망, 실의, 자포자기 같은 부정적인 감정에 사로잡힌다. 영혼이 감정에 지배당할 경우 이성이 사라지고 다시 재기할 수 있을 거라는 긍정적인 생각도 들지 않는다.

이런 절망에서 벗어나려면 부정적인 감정을 재빨리 쫓아내는 게 중요하다. 니체는 부정적인 감정에서 벗어나는 방법을 다음과 같이 소개했다.

시간이 슬픔을 잊게 해준다는 말도 있지만 사실 시간은 사람을 위해 어떤 일도 하지 않는다.
슬픔을 잊게 해주는 것은 무엇일까? 바로 생활에서 느끼는 무수히 많은 사소한 기쁨과 만족감이다. 그것이 오랜 시간 차곡차곡 쌓이면 슬픔이 점차 옅어지다가 사라진다.

니체는 괴로운 감정은 시간이 아니라 시간의 흐름 속에 묻힌 작은 기쁨과 만족감이 치유한다고 말한다. 그러니 좌절했다면 먼저 마음을 평온하게 가다듬자. 이어 시간이 자신을 치료해주길 기다리지 말고 기쁨과 만족감을 주는 생활 속의 소소한 일을 찾아 부정적인 감정을 쫓아내자.

예를 들어 실연당한 뒤 실컷 울면 눈물과 함께 괴롭고 슬픈 감정이 씻겨간다. 대성통곡한 뒤 푹 자면 다음 날 밝은 햇빛 속에서 한결 가벼워진 기분을 느낄 수 있다. 지인에게 답답한 마음을 토로하거나 우울하고 괴로운 감정을 종이에 적는 것도 효과적이다. 또 정신없이 일하는 것도 좋다. 바쁘게 일하다 보면 자신도 모르는 사이에 견디기 힘들었던 부정적인 감정이 사라진다. 니체의 말대로 일상의 사소한 기쁨과 만족감은 부정적인 감정을 치유해준다.

· 실패의 씨앗이 파고들지 못하게 하라 ·

Friedrich Wilhelm Nietzsche

어떤 청년이 학교를 졸업한 뒤 숙부와 함께 사업을 시작했다. 그
러던 중 청년이 치명적인 실수를 저지르는 바람에 사업이 한순간에
물거품이 됐다. 그 일로 숙부는 많은 재산을 잃었고 청년은 자책감
에 무척 괴로워했다. 숙부를 볼 면목이 없었던 청년은 집을 나왔지
만 얼마 뒤 그를 찾아낸 숙부가 말했다.

"재산을 잃는 건 분명 슬픈 일이야. 하지만 내가 가장 걱정하는 것은 실패의 씨앗이 마음속에 파고드는 거야. 그러면 우리는 실패를 두려워하며 작은 일에도 전전긍긍할 테고 다시는 재기할 수 없겠지. 이거야말로 가장 큰 손해가 아니겠니?"

숙부의 말을 들은 청년은 실패의 씨앗이 자기 마음속에 자리 잡지 못하도록 힘을 내 다시 일어섰다. 그리고 몇 년 뒤 마침내 자기 회사를 설립했다.

이 청년은 긍정적인 사고방식을 지닌 숙부를 만났다는 점에서 행운이라고 할 수 있다. 만약 숙부가 청년을 질책하고 원망했다면 혹은 청년에게 책임을 지라고 했다면 청년은 아마 실패의 그늘에서 벗어나지 못했을 것이다. 자책하며 실패의 씨앗이 마음속을 파고들게 해서는 안 된다.

작은 고민에 괴로워하는 것은 자신을 너무 보잘것 없게 여기기 때문이다.

청년이 사업에서 본 손해는 약 4천만 원이었다. 가난한 사람에게 4천만 원은 큰 액수지만 훗날 청년의 몸값이 수억 원에 달한 것에 비하면 사소한 금액이다. 가난한 살림을 털어 시작한 사업에서 좌절을 겪었을 때 4천만 원은 거대한 산처럼 청년의 마음을 짓눌렀다. 이를 이겨내지 못했다면 실패의 씨앗이 청년의 마음속에 파고

들어 4천만 원이 평생 만회할 수 없는 고통으로 남았을 터다.

다행히 자책하지 않고 분발한 덕분에 청년에게 4천만 원은 사소한 액수가 되었다. 실패의 씨앗이 자기 마음속에 파고들도록 내버려두지 않으면 재기할 기회는 얼마든지 있다.

· 부지런한 사람이 실패하는 이유 ·

Friedrich Wilhelm Nietzsche

아주 부지런한 출판사 사장 쿤軍은 오전 9시부터 저녁 10시까지 밥 먹는 시간만 제외하고 하루 종일 일에 매달렸다. 심지어 그는 주말이나 공휴일에도 쉬지 않았다. 나는 몇 번이나 그를 타일렀다.

"그렇게까지 힘들게 일할 필요가 어디 있어? 좀 쉬면서 해."

그때마다 쿤은 한숨을 쉬며 말했다.

"나도 쉬고 싶지. 하지만 내가 없으면 회사가 제대로 돌아가질 않아!"

그렇다고 쥔이 노력만큼 성과를 거두는 것도 아니었다. 쥔에게 출판 일을 배운 후배는 자기 회사를 차린 뒤 사업 규모를 확장하며 승승장구했으나 쥔의 회사는 그렇지 않았다. 10여 명의 직원과 함께 근근이 회사를 유지하는 게 고작이었다.

그렇게 소처럼 일하던 쥔은 과로로 쓰러졌고 의사는 계속 무리하면 목숨을 잃을 수 있다고 경고했다. 어쩔 수 없이 쥔은 일을 내려놓고 며칠 쉬며 몸을 추슬렀다. 그런 다음 회사로 돌아온 그는 깜짝 놀랐다. 자신이 없어도 회사의 모든 일이 순조롭게 진행되고 있었기 때문이다.

그 일을 계기로 그는 과거의 행동을 반성하고 내려놓는 법을 배우기 시작했다. 그는 회사 운영이나 인사와 관련된 일은 연륜이 있는 직원에게 넘기고 편집과 기획은 젊은 직원에게 맡겼다. 그리고 자신은 다른 출판사와의 협력과 사업을 기획하는 일에만 매달렸다. 덕분에 휴식을 취할 시간이 늘어나면서 쥔은 집중해 더 좋은 구상을 했고 여기에 성공해 사업 규모가 더욱 커졌다.

진퇴양난의 상황에 빠지면 이를 계기로 잠시 멈춰 서서 생각을 가다듬어야 한다.

만약 고통과 기쁨이 공존하는 곳이 존재한다면 그곳은 아마 인간 세상일 것이다. 인간 세상에 고통만 있으면 우리는 삶의 용기를 잃을 테고 기쁨만 있으면 기쁨을 느끼지 못할 것이기 때문이다.

인생은 사이클처럼 움직이지 기쁨만 왕창 안겨주거나 고통만 떠안기지 않는다. 쥔은 분명 고통스러운 삶을 살고 있었다. 힘겹게 일한 만큼 대가가 따랐다면 그나마 위안을 받았을지도 모르지만 그것도 아니었다. 쥔의 회사는 가까스로 버티는 상황이었다.

쥔과 같은 상황에 놓이면 모든 것을 멈추고 자신의 방식에 문제가 있는지 곰곰 생각해봐야 한다. 물론 하던 일을 멈추려면 많은 용기가 필요하다. 그러나 잠시 멈춘다고 큰일이 생기는 것은 아니다!

과도하게 부지런한 것도 실패의 원인임을 명심하자.

· 낡은 생각의 허물을 탈피하고 깨뜨려라 ·

Friedrich Wilhelm Nietzsche

오래전 이웃사촌이 도시에 상점을 개업했다. 추석 무렵이 되자 어느 공급업체에서 비교적 낮은 가격에 위에빙月餠을 제공하는 대신 절대 환불해서는 안 된다는 조건을 내걸었다. 이웃사촌은 그 조건을 받아들여 위에빙을 공급받았다. 물론 위에빙은 추석에만 먹는 음식이라 그는 추석에 팔지 못하면 위에빙이 모두 재고로 남으리라는 것을 알고 있었다.

그는 재고를 줄이기 위해 다른 곳보다 싼 가격에 위에빙을 판매했다. 이것도 여의치 않자 결국 손해를 무릅쓰고 할인판매를 시작했다. 어느 날 안경을 쓴 한 청년이 그에게 말했다.

"위에빙은 대개 지인에게 선물하려고 사는 거예요. 그런데 여기 위에빙은 가격이 싸서 선물로는 적합지 않네요."

그 말에 문제점을 깨달은 이웃사촌은 포장용 상자를 사서 밤새도록 위에빙을 포장했다. 다음 날 원래 하나당 300원에 팔던 것을 600원까지 올리자 순식간에 모두 팔려 나갔다. 할인해도 팔리지 않던 상품이 가격을 두 배로 올리면서 오히려 다 팔려 나간 것이다. 이는 마케팅 전략의 성공이자 사고 전환의 성과다.

난관이나 실패를 겪을 때는 먼저 자신의 생각이 잘못된 것은 아닌지 고민해봐야 한다.

허물을 벗지 않는 뱀은 결국 죽고 만다. 사람도 마찬가지다. 낡은 생각의 허물을 탈피하지 못하면 성장하지 못할 뿐 아니라 내부에서부터 썩어 들어가 결국 죽게 된다.
환골탈태하려면 반드시 생각도 신진대사를 해야 한다.

계속된 실패에도 굴하지 않고 도전하는 사람은 존경받아 마땅하다. 충분히 용감하고 강인한 사람들이기 때문이다. 그렇지만 매번 같거나 비슷한 이유로 실패한다면 얘기는 다르다. 계속 비슷한 이유로 실패하는 사람은 용감하기보다 무모한 것이다. 반성 없이 도전만 지속하면 절대 성공할 수 없다. 더구나 이런 용감함은 계속 이어갈 수 있는 게 아니다.

중국에는 유명한 '과보夸父 신화'가 있다. 과보는 신화 속 거인으로 어느 날 자기 능력을 깨닫지 못한 채 태양을 쫓기 시작했다. 그는 갈증이 나서 황하黄河와 위수渭水의 물을 다 마셔버리고도 갈증을 이기지 못해 결국 죽었다고 한다.

지금의 좌절을 극복하고 재기하고자 한다면 먼저 스스로 반성하고 주변 사람에게 가르침을 청해야 한다. 자신의 생각과 사고방식이 올바른지 돌아봐야 하기 때문이다. 만약 올바르다는 것이 확실하면 이를 악물고 노력해야 한다. 기존의 낡은 생각을 깨뜨려야 계속되는 실패의 운명에서 벗어날 수 있다.

· 스스로 노력해서 쟁취하라 ·

Friedrich Wilhelm Nietzsche

좌절 앞에서 기다리는 것은 절대 좋은 방법이 아니다. 그런데 사람들은 좌절을 겪으면 보통 집 안에 틀어박히거나 술에 의지해 근심을 달래거나 무기력하게 시간을 보낸다.

귀인이나 신이 나타나 도움의 손길을 내밀어주길 기다리는 것일까?

두 손을 모으고 애원하는 표정을 짓지 마라. 원래 자신의 것이었다고 여기며 아무것도 하지 않은 채 얻을 수 있을 거라고 생각하거나 얻어야 한다고 생각하지 마라.

자신은 아무것도 하지 않고 다른 사람에게 받아낼 수 있을까? 이렇게 받아낸 것은 절대 당신의 소유가 될 수 없다. 스스로 노력해서 쟁취하라.

실직했을 때 가만히 집 안에 앉아 좋은 소식이 오기만 기다리면 절대 직장을 구할 수 없다. 가만히 있어도 일이 들어오는 사람은 능력 좋은 부모를 두었거나 스스로 능력이 뛰어난 사람이다. 사실 이들에게 취업은 별다른 문제가 되지 않는다.

평범한 사람은 다르다. 취업의 문을 적극 두드리지 않으면 일자리를 얻을 수 없다. 사회가 불공평하다고 원망해봐야 도움이 되지 않는다. 평범한 사람에게는 세상을 살아가는 규칙이 몇 가지 있다. 그중 첫 번째 규칙이 좌절을 만났을 때 '바로 털고 일어나는 것'이다. 이 규칙을 위반할 경우 냉혹하고 강력한 훈련을 받게 된다. 이를테면 직장을 구하지 못하거나 다음 달 월세를 내지 못할 수 있다.

이 규칙을 어기면 절대 승리자가 될 수 없다. 어쩌면 모든 걸 잃고 노숙자 대열에 설지도 모른다. 더 황당한 건 노숙자로 살아가는데도 규칙이 있다는 사실이다.

여하튼 규칙을 어기면 더 깊은 나락으로 떨어진다. 반면 규칙을 따르면 현재의 좌절을 극복할 수 있다. 더구나 노력해서 능력을 키울 경우 더는 이 규칙을 따를 필요가 없다. 다시 직장을 잃어도 일이 알아서 자신을 찾아올 것이기 때문이다.

이 규칙은 실업뿐 아니라 파산, 실연 등 다른 좌절을 만났을 때도 적용할 수 있다. 털고 일어나 행동하는 것이야말로 좌절을 극복하는 첫 번째 규칙임을 잊지 말자.

· 해결 방법은 당신의 발아래 있다 ·

Friedrich Wilhelm Nietzsche

좌절을 행동으로 극복해야 한다는 것은 누구나 쉽게 이해한다.
설령 좌절해 철저히 무너진 사람도 규칙에는 동감한다. 그렇지만
사람들은 즉각 행동하지 않는다. 왜 그럴까? 일단 의지가 무너진 상
태에다 어떻게 행동해야 하는지, 상황을 바꾸는 방법이 무엇인지
모르기 때문이다. 이 문제에 니체는 다음과 같은 해결 방법을 제시
했다.

사실 아무리 써도 마르지 않는 샘은 당신이 한 번도 주의를 기울이지 않은 자신의 발아래에 있다.
당신이 찾는 것, 하늘이 내려준 무수히 많은 보물은 당신의 발아래에 깊이 잠들어 있다.

왜 우리는 자신의 발아래에 있는 기회를 못 보는 걸까? 그것은 생각보다 좌절이 깊이 극복할 용기를 잃은 탓이다.

드라마로도 제작한 중국 소설 《평범한 세계平凡的世界》에 등장하는 쑨사오안孫少安은 기술을 제대로 알지 못하는 기술자를 데리고 벽돌공장을 짓다가 공장이 무너지면서 큰 빚을 지고 말았다. 그가 절망하고 있을 때 친구가 덥석 돈을 빌려주겠다고 했다. 그 말을 믿은 쑨사오안은 다시 털고 일어나 사방에서 돈을 끌어 모아 벽돌공장을 짓기 시작했다.

한창 일을 진행하던 중 친구가 돌연 태도를 바꿔 돈을 빌려주지 않겠다고 했다. 이미 벽돌공장을 절반 정도 건설한 상황이라 쑨사오안은 할 수 없이 다른 곳에서 돈을 빌려 공장을 완공했다. 그리고 마침내 이를 기반으로 성공했다.

어쩌면 독자들은 돈을 빌려주기로 한 친구의 무책임한 행동을 책망할지도 모른다. 그러나 만약 친구가 돈을 빌려주겠다는 말을 하지 않았다면 쑨사오안이 다시 일어설 수 있었을까?

좌절을 겪을 때는 그대로 무너지기보다 자신에게 다시 일어설 기회가 있음을 믿어야 한다. 물론 '자신의 발아래에 해결 방법이 있다'는 말을 곧이곧대로 믿어서는 안 된다. 이 말은 적극적인 마음가짐이 필요하다는 의미다. 좌절감에 빠져 어찌해야 할지 모른다면 먼저 이 말을 믿고 적극 방법을 모색해보자. 과거의 자신을 반성하고 시대의 흐름을 파악하면 기회를 찾을 수 있다.

예를 들어 실패한 사업에 재도전할 경우 '부족한 부분을 보충'하면 성공할 가능성이 크다. 만약 과학적인 탐사에서 유정이 있다는 것이 밝혀졌지만 파다가 실패했다면 이전의 경험을 살려 더 정확한 위치를 보다 깊이 파 내려가면 된다.

또 다른 방법으로 '모든 기회를 동원'하는 것이 있다. 세계적인 갑부 아먼드 해머Armand Hammer는 새로운 대통령이 금주령을 폐기할 거라는 소식을 듣자 목재를 대거 사들여 술통을 생산했고, 덕분에 막대한 돈을 벌어들였다.

· 자신을 이기는 사람이 강한 사람이다 ·

Friedrich Wilhelm Nietzsche

　내가 대학에 다니던 시절만 해도 기차 승무원들은 승객을 꽤나 난폭하게 대했다. 언젠가 내가 2인용 좌석을 타고 집으로 돌아갈 때였다. 어쩌다 보니 내 옆에 앉아 있던 승객이 내리면서 자리가 비었고 그 옆의 3인용 좌석 중 하나도 비어 있었다. 때마침 승무원 친구 두 명이 기차에 타고 있었다. 그때 승무원이 인상을 험하게 구기며 명령하듯 내게 말했다.

"비어 있는 3인용 좌석에 가서 앉아."

나는 승무원이 부당한 요구를 한다는 걸 알았기에 무시했다. 승무원은 돌아갔지만 내 머릿속에서 그 험한 표정이 떠나질 않았다. 당시 맞은편에 앉아 있던 한 노인이 내게 괜히 분란을 일으키지 말고 자리를 바꿔주라고 타일렀고 결국 나는 3인용 좌석으로 옮겨 앉았다.

비록 오래전 일이지만 지금도 그때를 생각하면 부끄럽다. 내가 정말로 원해서 3인용 좌석에 앉았거나 승무원이 내 목에 칼을 들이대며 위협하는 바람에 자리를 바꿨다면 이토록 부끄럽지는 않을 것이다.

나는 아무런 반항도 하지 않고 무기력하게 투항했다. 내가 자리를 바꾸지 않았어도 승무원은 내게 아무 짓도 하지 못했을 텐데 말이다.

나처럼 부당한 일에 투항하지 말자. 그러려면 자신이 얼마나 강한지 스스로 고민해봐야 한다. 춘추시대 철학자 노자는 "다른 사람을 이기는 사람은 힘 있는 사람이지만 자신을 이기는 사람은 강한 사람이다"라고 말했다. 자신의 내면에 있는 적과 맞서 싸워 이길 수 있는가? 깊은 밤 아직 해야 할 일이 남았을 때 쉬고 싶은 욕구를 억누르고 일을 끝마칠 수 있는가? 모두가 놀러가는 주말 홀로 남아 마치지 못한 일을 할 수 있는가? 돈과 미녀의 유혹 앞에서 자신을 통제할 수 있는가?

자기 내면과의 싸움을 두고 니체는 이렇게 말했다.

> 자기 내면 깊은 곳에 적이 존재한다. 이런 적이 있어야 당신의 전투력이 용솟음치고 경계심을 유지하며, 스스로를 단련하고 자기 위치를 명확히 알 수 있다. 그러니 은밀한 적이 있다는 건 사치스러운 일이 아니겠는가?

이전에 자기 내면의 적을 이기지 못해 실패했다면 지금부터라도 내면의 적과 싸워보자. 매일, 매주 업무와 생활 계획을 세워 완벽하게 이행하도록 노력하는 것이다. 계획을 한 번 이행할 때마다 우리는 자기 내면의 적을 이긴 셈이다. 오랜 시간 내면의 적과 싸워 이기면 진정 강한 사람이 될 수 있다.

니체의 인생 철학 Lesson12

인생을 바꾸는 힘

Friedrich Wilhelm

Nietzsche

니체는 "한 권의 책은 과거가 누워 있는 관과 같다"고 말했다. 사실 책에서 얻는 것은 과거의 죽은 지식이다. '과거'는 책 속에 봉인됨으로써 영생을 얻는다. 우리는 얇은 종이를 넘기며 바다에 부는 바람, 포탄이 터지는 소리, 괴수가 숲속에서 포효하는 소리를 경험한다. 그래서 서재에 틀어박혀 책을 읽는 학자가 세상 풍파를 견디며 살아온 노인보다 세상 지식을 더 많이 안다. 이처럼 다양한 지식을 쌓은 사람은 유리한 출발점에 서서 성공을 향해 나아갈 수 있다.

· 지식은 내공이다 ·

Friedrich Wilhelm Nietzsche

　중국에서는 개혁개방 이후 '독서와 공부는 쓸모없다'는 인식이 퍼져가기 시작했다. 아쉽게도 이런 생각은 여전히 존재한다. 대졸자가 대폭 늘어나다 보니 대졸자 취업률이 기술학교 졸업자보다 낮기 때문이다. 더구나 대졸자는 수입도 낮은 편이다. 중국에서 대학을 막 졸업한 취업자의 월급은 보통 2천 위안(한화 약 32만 원·역주) 정도지만 기술학교 졸업자는 약 4천 위안(한화 약 65만 원·역주)이다. 건설

현장에서 일하는 농민공은 6천 위안(한화 약 98만 원·역주) 이상을 받기도 한다.

취업도 힘들고 월급도 적은데 굳이 4년 동안 대학을 다닐 필요가 있을까? 일부에서는 기술직업 교육을 확대해야 한다고 주장하고 또 농촌 학생은 굳이 대학에 갈 필요가 없다고 말하기도 한다. 어차피 대학을 나와도 도시에서 내 집을 마련할 수도 없고 더 잘사는 것도 아니기 때문이다.

독서는 정말 쓸모없는 걸까? 그렇지 않다. 전체적으로 볼 때 대졸자 취업률이 낮은 건 사실이지만 기술학교 졸업생보다 고급 일자리를 얻을 수 있다. 그리고 장기적인 관점에서 대졸자의 삶의 질이 기술학교 졸업자보다 높고 농민공보다는 월등히 높다.

여러 분야를 책임지는 엘리트는 대학에서 나오고 국가 발전을 추진하는 힘도 마찬가지다. 물론 아무런 기술도 없이 매일 책만 파고드는 서생에게 국가의 미래를 책임질 능력이 있느냐고 반문하는 사람도 있다. 나는 그들에게 니체의 말을 들려주고 싶다.

우리는 학습으로 다양한 지식을 쌓을 수 있다. 더러 지식은 쓸모없다고 생각하는 사람도 많다. 이런 생각은 당연하다. 짧게 몇 년 공부해서는 많은 것을 배울 수 없기 때문이다. 그렇지만 우리는 학습으로 더 중요한 것을 얻고 자신의 능력을 단련할 수 있다.

예를 들면 자신의 관찰·추리·논리적 사고를 키우고 지구력과 다양한 시선으로 문제를 바라보는 능력을 갖추며 추론 능력을 높일 수 있다. 이런 능력은 세상살이의 어떤 영역에서든 도움을 준다.

니체가 말한 개인의 식견과 소질은 무협소설에 나오는 '내공'과 비슷하다. 내공이 있다고 곧바로 무림의 고수가 되는 건 아니지만 구체적인 형과 결합하면 무공이 급속도로 높아진다. 가령 무협소설 《의천도룡기倚天屠龍記》에서 구양신공九陽神功을 훈련한 장무기張無忌는 다른 사람은 수년이 걸려도 힘든 무술 건곤대나이乾坤大挪移를 몇 시간 만에 다 익혔다.

지식은 내공이다. 취직하지 못해 전전긍긍하는 대졸자가 보잘것없어 보일지도 모르지만 그렇다고 비웃으면 안 된다. 지금 자신보다 처지가 낮다고 비웃으면 훗날 마찬가지로 그들에게 비웃음을 당할 것이다.

만약 지금 대학생이라면 자신이 얼마나 열심히 공부하고 있는지, 관찰력·추리력·논리적 사고력을 기르기 위해 얼마나 노력하고 있는지 스스로에게 물어보자. 지금 얼마나 많은 '내공'을 쌓았는가? 흡족한 상태가 아니라면 시간을 투자해 '내공'을 쌓아야 한다.

· 지식은 좋은 인생을 살아가는 기초다 ·

Friedrich Wilhelm Nietzsche

　몇 년 전 고향에 갔더니 마을에서 400미터 정도 떨어진 들판에 나지막한 집 한 채가 서 있는 게 보였다. 나중에 나는 그곳이 다마오大毛네 부모와 할아버지가 사는 집이라는 걸 알았다. 다마오는 재산이 꽤 있는 집안의 3대 독자로 그가 결혼할 무렵 그의 부모는 우리 마을 최초로 6칸짜리 이층집을 지었다. 덕분에 다마오 집안은 아래위를 더해 12칸짜리 이층집과 여기에 딸린 4칸짜리 작은 집까

　　　　　　　　 —— 니체의 인생 철학 Lesson12

지 합해 모두 16칸짜리 저택을 보유하고 있었다.

그런데 다마오는 결혼 후 3개월 만에 부모와 연로한 할아버지를 집에서 내쫓았다. 다마오의 부모는 어쩔 수 없이 들판에 2칸짜리 집을 짓고 사는 것이었다. 젊은 부부는 16칸짜리 저택에서 살고 연로한 어른들은 힘겹게 2칸짜리 집에서 지낸다니 이 얼마나 기가 막힌 일인가!

과거에는 어느 마을에나 다마오처럼 불효를 저지르는 일이 꽤 있었다. 형제나 이웃과 작은 이익을 놓고 싸우다가 목숨까지 잃는 일도 종종 있었다. 다행히 최근 몇 년 동안 이런 현상은 눈에 띄게 줄어들고 있다. 이는 생활수준이 높아지면서 사고방식이 변화하고 농촌의 교육수준도 높아진 덕분이다.

문학작품에는 더러 부모에게 효도하거나 선행을 베푸는 이야기가 등장한다. 이런 이야기는 은연중에 젊은이들에게 보다 나은 사고방식을 심어준다. 그 힘은 과거에 충효를 사회질서로 삼았던 농촌의 가치관보다 더 효과적이다. 니체는 지식의 역할을 이렇게 설명했다.

앞에 있는 사람이나 멀리 있는 사람에게 동정심이 생기려면 상상력이 충분해야 한다. 그 상상력은 일종의 지성이다.

인류의 윤리와 도덕은 지성과 밀접한 관계가 있다. 그래서 설사 지금 배우는 것이 쓸모없어 보일지라도 그것은 좋은 인생을 살아가는 기초가 된다.

지식을 학습하는 것은 '내공'을 훈련하는 것과 같다. 또 지식은 다른 사람을 존중하고 동정하는 법을 비롯해 윤리와 도덕을 배우게 해준다.

《역경易經》에는 뛰어난 인재가 되기 위한 두 가지 조건이 나온다. 하나는 자강불식自強不息이다. 이것은 '하늘의 운행이 굳세니 군자는 이것을 본받아 쉬지 않고 노력해야 한다'는 의미다. 다른 하나는 후덕재물厚德載物이다. 이는 '땅의 형세는 유순하니 군자는 이것을 본받아 덕을 두텁게 쌓아 만물을 포용해야 한다'는 뜻이다.

이 두 가지 조건을 좀 더 쉽게 표현하면 끊임없는 노력과 높은 도덕심이라고 할 수 있다. 한마디로 지식의 내공과 도덕심을 쌓으라는 말이다. 결국 지식을 배우는 것은 성공의 기초다.

· 어떤 책을 읽어야 하는가 ·

Friedrich Wilhelm Nietzsche

우리는 다양한 방법으로 지식을 배울 수 있다. 다른 사람의 말을 경청하거나 직접 눈으로 보는 방법도 있고 혼자 사색하면서 배우는 것도 가능하다. 더구나 지금은 인터넷, 동영상, 영화, 드라마로도 여러 가지 지식을 얻을 수 있다.

그렇지만 지식을 쌓는 가장 효과적인 방법은 여전히 독서다. 지식을 쌓기 위해서는 어떤 책을 읽어야 할까?

읽은 뒤 세상을 판단하는 관점을 바꿔놓는 책, 세상 저편으로 안내해 주는 책. 읽은 뒤 마음의 정화가 강렬하게 느껴지는 책, 아름다움과 사 랑을 새롭게 인식하도록 새로운 시각을 얻게 해주는 책.

이처럼 니체는 자기 생각을 열어젖히게 해주는 책을 읽어야 한 다고 말했다.

머리에 지식이 없으면 깊은 어둠 속에서 잠자고 있는 것과 같다. 좋은 책은 이 깊은 어둠을 관통하는 한 줄기 빛이다. 책을 읽어야 자신을 바꿀 수 있다.

흔히 책을 읽지 않은 사람의 머리는 백지와 같다고 하지만 이건 틀렸다. 책을 읽지 않아도 부모, 형제자매, 친구, 주변 사람들에게 은연중에 '이치'를 주입받기 때문이다. 아쉽게도 이런 이치는 정확 하지 않다. 대개는 이익에 치중하고 있거나 관점이 편협하다. 심지 어 이기적이거나 비열하거나 관점이 어두운 경우도 있다.

이러한 이치를 맹목적으로 믿고 따르면 잘못된 길로 들어설 수밖 에 없다. 이럴 때 좋은 책은 정수리를 후려치며 일깨워주는 역할을 한다. 즉 세상을 새로 인식하게 해 올바른 길을 찾아가도록 해준다.

좋은 책은 우리의 감정을 자극한다. 태어날 때 우리의 감정은 대 부분 잠들어 있다. 태어나면서 부모, 친척, 세상 사람들에게 감정을 품고 있는 사람은 없다. 책은 이처럼 잠자는 감정을 깨워 감사하는 마음, 동정하는 마음 등 풍부하고 다양한 감정을 갖게 해준다.

그 밖에도 니체는 아름다움과 관련된 책을 읽으면 새로운 시각으로 주변 사물의 아름다움을 발견하게 된다고 주장했다. 나아가 영혼을 정화해주는 책을 읽을 경우 긴장, 초조, 경솔, 고집 같은 부정적인 감정에서 벗어나 경쾌한 마음으로 인생을 즐길 수 있다고 했다.

· 무거운 짐을 짊어진 낙타처럼 ·

Friedrich Wilhelm Nietzsche

학습과 내면 수련을 위해서는 어떤 책을 읽어야 하는지 알아야
할 뿐 아니라 정신 변화 과정도 이해해야 한다. 니체는 인간의 정
신이 변화하는 과정을 3단계로 나누었다. 이는 정신은 낙타가 되고
낙타는 사자가 되며 사자는 어린아이가 된다는 것이다.

먼저 정신이 낙타가 되는 과정을 살펴보자.

광대한 사막에서는 더위와 건조함이 모든 것을 지배한다. 사막을 건너는 일은 빈손일지라도 상당히 어려우며 무거운 짐을 들면 더욱더 고난의 행군이 된다. 그래서 사막의 상인들은 무거운 짐을 지는 임무를 고난을 잘 견디는 낙타에게 넘긴다.

'무거운 짐을 짊어지는 것'은 낙타의 중요한 특징이다. 니체가 정신은 낙타가 된다고 말한 이유가 여기에 있다.

어째서 정신은 무거운 짐을 짊어지려 하는 것일까? 사람의 정신은 보통 무지하고 교만하며 가벼워서 무거운 짐을 짊어져야 진보할 수 있기 때문이다. 그렇다면 정신은 무엇을 짊어져야 할까? 그 범위는 상당히 넓다.

진리의 물이면 설령 오염된 물일지라도 차가운 개구리든 뜨거운 두꺼비든 모두 거부하지 않는다.

니체는 정신은 탐구하는 각종 진리와 아름다움·추함, 청결함·더러움을 모두 짊어져야 한다고 주장한다. 이 밖에도 정신은 자신의 거만한 마음에 따른 괴롭고 열등한 정신, 성공한 후에도 자만하지 않고 노력하는 정신, 스스로를 경멸하는 정신, 자신을 놀라게 하는 괴물과 악수하는 정신 등을 짊어진다.

정신은 무거운 짐을 짊어진 낙타처럼 이 모든 것을 짊어진 채 황

량한 사막을 걸어간다. 이때 정신에 강렬한 경외심도 있다.

이 단계에서 치욕을 참아가며 중대한 임무를 맡은 정신은 피곤하고 고독하며 힘겹다. 더 중요한 것은 낙타는 자유가 없는 노예라는 점이다.

이처럼 고생을 견뎌야 하는 이유는 무엇일까? 니체는 이런 시를 썼다.

"언젠가 많은 것을 말해야 하는 사람은 오랜 시간 침묵해야 하고, 언젠가
번개에 불을 붙여야 하는 사람은 오랜 시간 구름처럼 떠돌아야 한다."

이 단계에 존재하는 필연을 가장 잘 설명한 시라고 할 수 있다.

·용맹한 사자처럼·

Friedrich Wilhelm Nietzsche

　낙타가 된 정신이 사자로 변하는 이유는 자유와 자신의 사막을 쟁취하고 싶기 때문이다.

　몇천 년 동안 인류의 정신은 많은 것의 통치를 받아왔다. 사람들은 대부분 악마처럼 힘이 강력한 그것에 순순히 복종했다. 누군가가 감히 그것의 권위에 도전하려 하면 사람들은 그를 질책하거나 잔혹한 방법으로 처벌했다. 그 악마의 이름은 '너는 해야 한다'이다.

'너는 해야 한다'는 오랫동안 이어져온 가치, 관념, 규칙 등을 말한다. 그것은 거대한 용처럼 정신의 길을 가로막는다. 그것의 비늘 하나하나에서 '너는 해야 한다'가 황금빛으로 번쩍거린다.

용은 모든 사람, 특히 자신에게 도전하려는 정신을 향해 말한다.

"모든 가치는 이미 만들어졌고 그 모든 가치가 바로 나다. 그러니 '나는 하겠다'는 생각은 용납할 수 없다!"

왜 니체는 정신의 두 번째 변화로 사자를 택한 것일까? 용맹한 사자에게는 지혜가 없기 때문이다. 사자는 강력한 '너는 해야 한다' 앞에서 반항만 할 뿐 새로운 가치를 창조해내지 못한다. 니체는 이 단계에서 사자를 택하며 정신이 새로운 가치를 창조해야 한다고 요구하지 않았다.

> 사자는 새로운 가치를 창조할 수 없다. 그러나 새로운 가치를 창조하기 위한 자유는 사자의 힘으로 쟁취할 수 있다.

니체는 사자에게 '너는 해야 한다'에 반항해 온갖 가치의 속박에서 벗어나 자유를 획득하라는 임무를 부여했다. 이것은 결코 쉽지 않은 도전이다. 정신이 과거에 '너는 해야 한다'를 진심으로 믿고 사랑하는 것은 물론 위엄 있는 후광을 신성시하고 경외한 까닭이다.

본래의 터전을 갈아엎고 자기 정신의 주인이 되려면 많은 용기와 패기가 필요하다.

여기서 하나만 생각해보자. 첫 번째 변화에서 낙타는 모든 생각을 힘겹게 짊어지고 자기 내면을 온갖 정신으로 채웠다. 이는 '너는 해야 한다'의 통치를 받은 탓이다. 결국 두 번째 변화에서 사자는 '너는 해야 한다'에 반항하며 무수히 많은 적과 대면해야 한다.

왜 정신은 모든 것을 짊어진 것일까? 왜 이렇게 많은 생각과 정신을 '가져온' 것일까? 이는 무거운 것을 짊어져야 앞으로 나아가고 또 가장 무겁게 짊어져야 사자로 변해 '너는 해야 한다'에 도전할 수 있기 때문이다.

· 순진무구한 어린아이처럼 ·

Friedrich Wilhelm Nietzsche

정신은 세 번째 단계에서 어린아이로 변하고 아이는 새로운 가치를 창조하는 임무를 부여받는다. 사막에서 생활하는 낙타나 동물의 왕이라 불리는 사자도 하지 못한 임무를 힘없는 어린아이가할 수 있을까?

순진무구한 어린아이는 망각이며 새로운 시작이자 원시의 동작이다.

또 스스로 굴러가는 수레바퀴고 신성한 긍정이다.

니체는 어린아이의 눈으로 선과 악, 옳고 그름의 분별없이 세상과 생활의 모든 것을 원래의 모습 그대로 긍정해야 한다고 말했다. 고정관념으로 사물을 바라보는 태도를 버리는 것이 자유롭게 창조하는 첫걸음이다.

어린아이가 되라는 주장은 동양사상에도 자주 등장한다. 일찍이 노자는 "어린아이가 아직 웃을 줄 모르는 것과 같다"는 말을 했고, 맹자도 "대인은 마음이 갓난아기 때와 같은 사람이다"라고 말했다.

여기서 말하는 어린아이는 무지몽매와는 거리가 멀다. 무거운 짐을 짊어지는 고통과 용감한 싸움 과정을 거친 어린아이는 수명이 다한 봉황이 스스로를 태워 다시 태어나는 것처럼 새로 태어난 존재다.

니체가 말한 '어린아이'는 불교에서 말하는 인생의 세 단계로 이해하는 것이 더 쉽다.

첫 번째는 산을 보면 산으로 알고 물을 보면 물로 아는 단계다. 태어나 처음 세상을 바라보면 모든 것이 새롭게 느껴진다. 그래서 어른이 산이라 알려주면 산으로 알고, 물이라 알려주면 물로 안다. 이 단계에서 마음은 언어, 개념, 형상의 지배를 받는다.

두 번째는 산을 보고도 산이 아니고 물을 보아도 물이 아닌 단계다. 세상은 매우 복잡하다. 상황에 따라 옳고 그름이 바뀌고 옳은 일을 하는 사람보다 나쁜 일을 하는 사람이 더 성공하기도 한다. 이때 우리는 무언가를 쉽게 믿지 않는다. 눈에 보이는 산을 단순한 산이라 생각하지 않고, 눈에 보이는 물도 단순한 물이라 생각하지 않는다. 자신의 이익을 지키기 위해 내면을 숨기고 자신을 보호하며 더 많은 것을 얻으려 한다. 이 단계에 있는 사람은 고통스러워하며 여기서 벗어나려 노력한다.

세 번째는 산을 보면 산이고 물을 보면 물인 단계다. 이는 인생의 풍파를 겪으며 많은 것을 보고 듣고 포기했을 때 이르는 단계다. 세상일에 일일이 대응할 필요도, 정신없는 세상 속에서 전전긍긍할 필요도 느끼지 못한다. 더구나 사람은 본래 사람이기에 사람이 되려고 버둥거릴 필요가 없고, 세상은 본래 세상이기에 치열하게 살아갈 필요가 없음을 깨닫고 세상의 본래 모습을 온전히 받아들인다.

니체가 말한 어린아이와 불교의 세 번째 단계가 완전히 같다고 할 수는 없지만 비슷한 부분이 많다. 그중에서도 책에 적힌 규칙의 속박에 얽매이지 않고 '인생 경험자'의 충고에도 휘둘리지 않으며 자연스러운 본성대로 자유롭게 세상과 인생을 바라보는 점은 상당히 비슷하다.

· 지혜가 충만한 빛이 나도록 ·

Friedrich Wilhelm Nietzsche

우리는 종종 "사람은 겉모습만 보고 판단해서는 안 된다"라는 말을 하는데, 이 말은 때론 맞고 또 때론 맞지 않는다. 맞지 않는 경우는 도덕과 관련되어 있다. 가령 권력과 재력을 소유한 사람 중에는 겉으로는 자신감이 넘치고 고상하게 보이지만 뒤로는 부당한 짓을 저지르는 사람도 있다. 입으로는 인의와 도덕을 말하면서 속으로는 음란한 짓을 저지르는 것이다.

반대로 평소에는 볼품없는 모습이라 무시당하지만 결정적인 순간에 용기를 내 문제를 해결하거나 능력을 드러내는 사람도 있다. 이것이 '겉모습만 보고 판단해서는 안 되는' 경우다.

그렇지만 사람의 됨됨이는 보통 겉모습에서 드러난다. 특히 지혜는 눈빛이 잘 보여준다. 눈빛이 흐리멍덩하고 무표정하며 둔해 보이는 사람은 대개 지혜가 별로 없다. 반면 눈에 활기가 있고 눈빛이 심오하며 표정이 풍부하고 침착하면서도 기질이 여유로운 사람은 지혜가 있다.

지혜가 겉으로 드러나는 이유는 무엇일까? 니체의 말을 들어보자.

> 사람의 정신 상태는 겉모습에도 영향을 준다. 가령 의기양양한 사람은 걸을 때 활력이 넘치고, 실의에 빠진 사람은 걸을 때 고개를 푹 숙인 채 시무룩하게 걷는다.
> 늘 홀로 생각하는 습관을 기르면 점차 얼굴에 지혜의 빛이 드러난다. 표정뿐 아니라 겉모습도 지혜가 충만한 모습으로 변한다. 다른 사람이 보기에 당신의 모든 동작과 자세에서 예리함이 돋보인다.

어쩌면 '지혜가 있는 사람은 어리석어 보인다'는 뜻의 대지약우 大智若愚를 예로 들어 니체의 말에 반박하고 싶을지도 모른다. 그러나 이걸로는 반박할 수 없다. 대지약우는 크게 지혜로운 사람의 말이나 행동이 일반 사람이 이해하는 범위를 넘어서는 탓에 사람들이 이해하지 못해 어리석게 본다는 의미다. 지혜가 있는 사람의 겉모습이 아둔해 보인다는 말이 아니다.

그렇다고 겉모습에 나타난 지혜를 숫자로 정확히 표현할 수 있는 것은 아니다. 이를테면 겉모습만으로 이 사람의 지혜는 80퍼센트고, 저 사람의 지혜는 40퍼센트라고 할 수는 없다. 우리는 지혜로운 사람이 어느 정도 지혜를 갖췄는지 정확히 알 수 없다.

지혜가 겉모습에 드러나는 건 대략적인 반영일 뿐이다. 한마디로 얼굴에 활기가 넘치는 것과 지혜가 충만한 것은 정비례 관계다.

· 자신의 지혜를 자랑하지 말라 ·

Friedrich Wilhelm Nietzsche

사람들은 말과 행동에서 지혜가 드러나는 사람을 높이 평가하고 존경한다. 그렇지만 자신의 지혜를 쉽게 자랑해서는 안 된다. 그 이유는 무엇일까? 조조와 양수楊修의 이야기로 그 해답을 알아보자.

조조가 새로 지은 화원을 둘러본 뒤 문 앞에 '활活'을 써놓고 떠났다. 목공이 의미를 몰라 당황하자 양수가 다가와 말했다.

"문門 안에 활活 자가 있으니 넓다는 의미의 활闊 자가 아닙니까. 승상께서 문을 너무 넓게 만들었다고 지적하신 겁니다."

어느 날 새북塞北 지방 사람이 과자 소酥를 한 상자 가져왔다. 조조는 아무 말 없이 상자 뚜껑에 일합소一合酥라고 적었다. 모두가 의미를 모르고 있을 때 양수가 과자를 모두와 함께 나눠 먹었다. 누군가가 이유를 묻자 그가 말했다.

"한 사람당 하나씩 먹으라는 의미입니다."

의심이 많은 조조는 항상 누군가가 자신을 해칠까 봐 두려워했다. 그래서 주변 사람들에게 자신이 잘 때 사람을 잘 죽이니 접근하지 말라고 했다. 그러던 중 조조가 자고 있을 때 시중 하나가 이불을 덮어주려 다가왔고 조조에게 죽임을 당했다. 잠에서 깨어난 조조는 애통해하며 후하게 장례를 치러주었고 주변 사람들은 조조가 정말로 자면서 사람을 죽인다고 믿었다. 그때 양수가 말했다.

"꿈을 꾼 건 승상이 아니라 그대들이오!"

유비와 한중 지역을 놓고 싸움을 벌일 때 조조는 진군이 쉽지 않아 퇴각하고 싶었지만 사람들에게 비웃음을 당할까 봐 망설였다. 그때 하후돈夏侯惇이 찾아와 물었다.

"오늘밤 암호는 무엇으로 할까요?"

조조가 아무 생각 없이 말했다.

"계륵! 계륵으로 하라!"

그 말을 들은 양수가 조용히 짐을 싸기 시작했다. 조조가 이유를 묻자 양수가 말했다.

"계륵은 먹을 것이 별로 없지만 버리기는 아까운 부위가 아닙니까."

이전부터 자기 생각을 꿰뚫어보는 양수를 미워한 조조가 화를 내며 말했다.

"유언비어를 퍼뜨려 사기를 어지럽히다니!"

조조는 양수를 참수했다.

지금은 지혜를 자랑했다고 양수처럼 죽임을 당하는 일은 없다. 그렇지만 주변 사람들의 질투를 불러일으켜 따돌림을 당할 수는 있다. 니체는 다음과 같이 말했다.

> 경솔하게 자신의 지혜를 자랑하면 언젠가 유형·무형의 반항과 충돌한다. 지혜를 자랑하는 것은 백해무익하다. 세상을 현명하게 살아가는 방법은 다른 사람과 같이 희로애락을 느끼는 것이다. 이로써 주목받기 쉬운 자신의 지혜를 감춰 다른 사람에게 상처를 주지 않을 수 있다.

현실에서 지혜를 드러내는 사람은 종종 두 가지 운명을 맞는다. 하나는 중요한 순간에 지혜를 발휘해 성과를 낸 덕분에 주변 사람들의 존경을 받는 경우다. 다른 하나는 지혜를 자랑해 시기와 저항을 받거나 심지어 죽임을 당하는 경우다.

이 두 운명을 가르는 기준은 무엇일까?

전자는 문제해결을 위해 지혜를 발휘한 것이지만 후자는 단순히 자신의 총명함을 자랑하기 위해 지혜를 드러낸 것이다. 이는 우리에게 분명한 사실을 알려준다. 정말로 지혜로운 사람은 의도적으로 지혜를 뽐내기보다 꼭 필요한 순간이 올 때까지 숨기고 기다린다!

· 용기와 정의와 절제와 지혜로 ·

Friedrich Wilhelm Nietzsche

세상에는 선천적으로 용감한 사람도 있고, 아는 것이 많아 용감한 사람도 있으며, 무식해서 용감한 사람도 있다. 어떤 이유로 용감하든 용기는 중요한 가치가 있다. 니체는 사람의 정신을 분석하면서 첫 단계로 용기를 꼽았다.

성공하려는 사람의 정신은 각각의 단계에 따라 요구하는 덕성이 다르다. 첫 번째 단계에서 가장 중요한 덕성은 '용기'고, 두 번째 단계에서 가장 중요한 덕성은 '정의'며, 세 번째 단계에서 가장 중요한 덕성은 '절제'다. 그리고 마지막 네 번째 단계에서 가장 중요한 덕성은 '지혜'다.

이 말은 다음과 같이 해석할 수 있다.

예를 들어 농촌 출신 도급업자가 어려운 사업을 시작한다고 해보자. 먼저 그에게는 첫 번째 단계인 용기가 필요하다. 그가 시작하려는 사업에는 많은 어려움이 도사리고 있다. 이를테면 공사대금을 제대로 받지 못하거나 도중에 공사가 중단될 위험이 있다. 또 일꾼을 관리하는 것도 상당히 어려운 일이다. 일꾼들이 식중독에 걸리거나 다칠 수도 있고 임금을 독촉하거나 공사대금을 횡령할 수도 있다. 그래서 용기가 필요하다. 용기가 없으면 매일 생기는 크고 작은 사건이 두려워 공사를 진행할 수 없다.

용기를 내 공사를 시작한 다음에 필요한 것은 정의다. 법과 도덕을 위반하면 성가신 일이 생길 위험이 있다. 올바른 궤도로 사업을 진행한 뒤에는 경솔하지 않도록 조심해야 한다. 즉, 절제력을 길러 상황에 맞게 처신할 필요가 있다. 마지막 단계인 지혜가 있으면 사업은 약간 성과를 보이고 인생 경험도 풍부하게 쌓인다. 이로써 어려운 일을 처리하며 더 높은 단계로 나아갈 수 있다.

언젠가 나는 일 때문에 농촌 출신 도급업자를 만난 적 있는데, 그들의 인생은 정말로 니체가 말한 네 단계와 부합했다.

처음에 아무것도 모른 채 일을 시작한 그들은 공사수주를 받는 법이나 사람을 대하는 법을 알지 못했다. 그러나 용기만큼은 대단했다. 그들은 매번 좌절을 겪으면서도 포기하지 않았고 자신을 낮춰 공사수주를 받아냈다.

나중에 그 이유를 묻자 당시 자신들이 아무것도 몰랐기에 용감했던 거라고 말했다. 몰라서 두렵지 않았다는 얘기다. 어느덧 40대에 접어든 그들은 어리숙하던 과거의 모습에서 탈피해 노련하고 성숙한 지혜를 드러내고 있다. 니체가 말한 네 번째 단계에 이른 셈이다.

그들은 용감하게 일에 뛰어들어 온갖 난관에도 좌절하지 않았다. 그리고 마침내 스스로 자기 인생을 완성했다. 이는 소심하게 시작해 평범하게 살아가는 사람들과는 근본적으로 다른 삶이다.

인생의 본질에 대한 니체의 12가지 통찰과 조언

니체의 인생상담소

2019년 11월 10일 1판 1쇄 발행
2021년   1월 19일 1판 2쇄 발행

지은이 | 페이허이스
옮긴이 | 이서연
펴낸이 | 최한숙
펴낸곳 | BM **성안북스**

주소 | 04032 서울시 마포구 양화로 127 첨단빌딩 3층(출판기획 R&D 센터)
10881 경기노 파주시 분발로 112 파주 출판 문화도시(제작 및 물류)

전화 | 02) 3142-0036
031) 950-6386

팩스 | 031) 950-6388
등록 | 1978. 9. 18. 제406-1978-000001호
출판사 홈페이지 | **www.cyber.co.kr**
이메일 문의 | sunganbooks@naver.com
ISBN | 978-89-7067-359-2 (03100)
정가 | 18,000원

이 책을 만든 사람들
본부장 | 전희경
교정 | 이새별, 하명란
본문·표지 디자인 | 디박스
홍보 | 김계향, 유미나
영업 | 구본철, 장상범, 차정욱, 나진호, 이동후, 강호묵
마케팅 지원 | 장상범
제작 | 김유석

www.**cyber**.co.kr
★ ★ ★
성안북스 Web 사이트

■ 도서 A/S 안내

성안북스에서 발행하는 모든 도서는 저자와 출판사, 그리고 독자가 함께 만들어 나갑니다.
좋은 책을 펴내기 위해 많은 노력을 기울이고 있습니다. 혹시라도 내용상의 오류나 오탈자 등이 발견되면 "좋은 책은 나라의 보배"로서 우리 모두가 함께 만들어 간다는 마음으로 연락주시기 바랍니다. 수정 보완하여 더 나은 책이 되도록 최선을 다하겠습니다.
성안북스는 늘 독자 여러분들의 소중한 의견을 기다리고 있습니다. 좋은 의견을 보내주시는 분께는 성안당 쇼핑몰의 포인트(3,000포인트)를 적립해 드립니다.

잘못 만들어진 책이나 부록 등이 파손된 경우에는 교환해 드립니다.